कार्यक्षेत्र में सफलता के सूत्र

कार्यक्षेत्र में सफलता के सूत्र

अश्विनी लोहानी

प्रकाशक • **प्रभात प्रकाशन प्रा. लि.**
4/19 आसफ अली रोड,
नई दिल्ली–110002

संस्करण • 2025
मूल्य • चार सौ रुपए
अनुवाद • श्री अमरनाथ श्रीवास्तव
मुद्रक • नरुला प्रिंटर्स, दिल्ली

KARYAKSHETRA MEIN SAFALTA KE SOOTRA
by Shri Ashwani Lohani ₹ 400.00
Published by Prabhat Prakashan Pvt. Ltd., 4/19 Asaf Ali Road, New Delhi-2
e-mail: prabhatbooks@gmail.com ISBN 978-93-5186-738-8

भूमिका

प्रबंधन पर आधारित यह पुस्तक मेरे स्वयं के जीवन से जुड़ी कहानी है। निस्संदेह आपके या किसी के भी जीवन से जुड़ी कहानी हो सकती है, जो अपनी सिद्धांतप्रियता के चलते सामने पड़ी कीमती वस्तु को भी उठाने के लिए तैयार नहीं है।

अपने यथार्थ जीवन के अनुभवों पर आधारित पच्चीस वर्षों के आधिकारिक सेवाकाल में विभिन्न पदों पर सफलतापूर्वक कार्य करते हुए मैंने जो अनुभव प्राप्त किए, उन्हें इस पुस्तक में शब्दबद्ध करके मैं आपके समक्ष प्रस्तुत कर रहा हूँ। इसके पीछे मुख्य कारण है कि इन मूल्यवान् और उपयोगी अनुभवों को अभिलिखित किया जा सकेगा, क्योंकि अभिलेख के अभाव में भूल जाने का डर बना रहता है। वैसे यह विचार मेरे मन में बहुत पहले ही आ गया था, लेकिन मेरी पहली पुस्तक 'स्मोकिंग ब्यूटीज' के विमोचन, जो मार्च 2004 में भारत के पूर्व पर्यटन एवं संस्कृति मंत्री श्री जगमोहन के कर-कमलों से हुआ था, के बाद मैं इसे रोक नहीं सका। 'स्मोकिंग ब्यूटीज' भाप के उन इंजनों पर लिखी पुस्तक है, जो अभी कुछ वर्ष पहले तक रेल की पटरियों पर दौड़ा करते थे और आज वे मेरे लिए उत्कट लालसा और भावावेश की वस्तु बन गए हैं। भाप के लोकोमोटिव इंजन मेरे लिए भावावेश हैं और आधिकारिक कार्य मेरा जीवन। इस प्रकार अपनी उत्कट लालसा और भावावेश का वर्णन कर चुकने के बाद अब मैं अपने सेवाकालीन अनुभवों को पुस्तक के रूप में आपके सामने प्रस्तुत करना चाहता हूँ।

प्रस्तुत पुस्तक को लिखने के पीछे मेरा एक महत्त्वपूर्ण उद्देश्य

अपने उन अनुभवों एवं घटनाओं से पाठकों को अवगत कराना है, जो पहले असंभव माने जाते रहे थे तथा जिन्हें मैंने संभव करके दिखाया— और कि दिशाविहीन और घुटन भरे सरकारी तंत्र में भी आप सफलतापूर्वक अपना कार्य संपन्न कर सकते हैं। अपने पच्चीस वर्षों के सेवाकाल में मैंने यही सीखा और मैं चाहता हूँ कि हर कोई इसमें विश्वास करे। आज मुझे लगता है कि अकर्मण्य और निद्रालु नौकरशाहों को उनकी अकर्मण्यता रूपी तंद्रा से जगाना बहुत जरूरी हो गया है तथा इसमें बिलकुल भी देर नहीं की जानी चाहिए; क्योंकि जब तक उन्हें जाग्रत् और सक्रिय नहीं किया जाता तब तक कार्य-संपादन संभव नहीं। पुस्तक में मैंने अपने सहकर्मियों, चाहे वे मुझसे वरिष्ठ रहे हों या फिर कनिष्ठ, की अकर्मण्यता व अक्रियता से जुड़े अनुभवों को भी समाविष्ट किया है, जो अपने कर्तव्य-धर्म को भूलकर बस बहती धारा के साथ बहने लगे थे। अपने इन अनुभवों को पुस्तक का रूप देने का विचार मेरे मन में उसी दिन आ गया था जिस दिन मुझे भारतीय पर्यटन विकास निगम एवं भारत सरकार के पर्यटन विभाग से असमय ही बाहर कर दिया गया था; जबकि अपने पूरे सेवाकाल के दौरान मैंने उच्चस्तरीय कार्य-प्रदर्शन किया था और व्यक्तिगत ईमानदारी भी बनाए रखी थी। सार्वजनिक क्षेत्र में आज कार्य-संपादन की बात करना भी जैसे एक गुनाह बन गया है। आपके अधीनस्थ इसके लिए आपको तभी प्रेम और सम्मान देंगे जब कार्य-संपादन को महत्त्व दिया जाएगा; परंतु यह आपके वरिष्ठों के लिए एक अवरोध बन सकता है, क्योंकि इससे उनकी कार्य-योजना बाधित होती है। वैसे मेरा मानना है कि इस तरह की अलग घटनाओं को जीवन के मूल्यांकन का आधार नहीं बनाया जाना चाहिए, वस्तुतः जीवन को संपूर्णता के आधार पर ही देखा जाना चाहिए।

मैं सत्रह वर्ष की उम्र में जमालपुर स्थित रेलवे संस्थान में एक प्रशिक्षु (आप्रेंटिस) के रूप में भारतीय रेलवे में आया था। अब, जबकि रेलवे के प्रति मेरे मन में एक जज्बा पैदा हो चुका है, मैं स्वयं को एक सच्चा रेलकर्मी मानता हूँ। भारतीय रेलवे अपने आप में देश का एक बड़ा संगठन एवं कार्य-संपादन का प्रतीक है। दुर्भाग्यवश, भारतीय रेलवे अपनी

एक सशक्त व्यवस्था के बावजूद यानी अब अपकर्ष अथवा पतन के संकेत देने लगा है और इसका कारण है—हमारे नौकरशाही तंत्र में व्याप्त मनमानी प्रवृत्ति तथा वाणिज्यिक सोच का अभाव। हालाँकि इसके बावजूद भारतीय रेलवे देश के सबसे अच्छे संगठनों में से एक है। अपनी व्यापक गतिविधियों, व्यापक पहुँच और विशाल कर्मचारी समूह के साथ यह सचमुच स्वयं में एक अलग राष्ट्रीय व्यवस्था है। इसकी समयबद्ध व्यवस्था में काम करते हुए अधिकारियों को जो अलग-अलग अनुभव प्राप्त होते हैं, वे संभवत: और कहीं नहीं मिल सकते। सचमुच, बड़ी संख्या में कर्मचारियों-कामगारों का नेतृत्व करना, बड़े-बड़े बजट सँभालना, बड़े कर्तव्यों का पालन करते हुए देश में कहीं भी तैनात होने के लिए सदैव तैयार रहना—ये एक रेलवे अधिकारी के जीवन की आवश्यक कार्य-शर्तें हैं। यहाँ कार्य-संपादन ही किसी कर्मचारी-अधिकारी का धर्म है। यदि किसी गाड़ी के छूटने का निर्धारित समय शाम 5.00 बजे है तो किसी भी स्थिति में उसे शाम 5.00 बजे छूटना ही चाहिए। इसमें किसी भी तरह का बहाना सहन नहीं किया जाता। गलतियों के लिए जवाबदेही निश्चित करना खेल का नियम है। इस प्रकार के अनुशासन और तौर-तरीकों में प्रशिक्षित एक रेलवे अधिकारी परिस्थितियों की परवाह किए बिना केवल कार्य-संपादन को अपना उद्देश्य मानकर चलता रहता है, क्योंकि अपनी अलग रेलवे कॉलोनियों में रहनेवाले रेलवे अधिकारी बाहर के किसी भी व्यवसाय से बिलकुल अलग रहते हैं, नागरिक अधिकारियों पर उनकी निर्भरता नहीं के बराबर है। भारतीय रेलवे के लिए अब अपने अतीत के मानकों को बनाए रखना कठिन हो गया है। उद्देश्यपरक अभिदृष्टि के अभाव के चलते आज वह दैनिक यातायात की अपनी सामान्य गतिविधि को भी कुशलतापूर्वक संचालित करने में स्वयं को असमर्थ पा रहा है। इसका मूल कारण है—नियमों-प्रक्रियाओं पर आवश्यकता से अधिक बल दिया जाना और एक ऐसी व्यवस्था पर पूर्ण निर्भरता, जिसमें नव-प्रवर्तन अथवा कुछ हटकर सोचने-करने के लिए कोई स्थान ही नहीं है। ऐसी परिस्थितियों में पलने-बढ़ने और प्रशिक्षित होनेवाला एक अधिकारी कुछ अलग कर दिखाने का साहस करे भी तो

कैसे ? आज के उदारवादी युग में यह कोई शुभ संकेत नहीं मानना चाहिए, क्योंकि यहाँ एक अलग चिंतन-प्रक्रिया की आवश्यकता है, जिसमें व्यक्ति को व्यवस्था से ऊपर माना जाता है, व्यवस्था को व्यक्ति से ऊपर नहीं। हमारे नौकरशाही तंत्र में एक उद्देश्यपरक और उपलब्धिपरक सोच पैदा करने की आवश्यकता है। दूसरे शब्दों में कहा जा सकता है कि हमारी संपूर्ण व्यवस्था में आमूल-चूल परिवर्तन लाए जाने की आवश्यकता है। साथ ही, उसमें यह विश्वास भरने की आवश्यकता है कि अंततः सफलता वही प्राप्त करता है, जो पहले ही यह सोचने लगता है कि वह जरूर सफल होगा।

यह पुस्तक मेरे उन विश्वासों, विचारों एवं अनुभवों पर आधारित है, जो पच्चीस वर्षों के अपने सेवाकाल में मैंने इस व्यवस्था से प्राप्त किए हैं। कार्य में सफलता प्राप्त करना मेरे आधिकारिक जीवन के सभी अनुभवों का चरम व सार रहा है और सचमुच, इस दौरान अपने आधिकारिक जीवन में उतार-चढ़ावों से गुजरते हुए मैंने उल्लेखनीय सफलताएँ भी अर्जित कीं; हाँ, कुछ मामलों में असफलता की बात से इनकार नहीं कर सकता हूँ। यह पुस्तक मेरे इस विश्वास पर भी आधारित है कि कार्य में सफलता प्राप्त करने की इच्छा रखनेवाले व्यक्ति के लिए सबसे ज्यादा जरूरी अगर कुछ है तो वह है—पैसा, श्रम और संसाधन का समुचित प्रबंधन करना। इस कार्य-दर्शन को आधार बनाकर यदि काम किया जाए तो कोई भी काम कठिन या असंभव नहीं हो सकता। उस समय छोटे-बड़े तथा सरल-कठिन सभी कार्य एक जैसे दिखाई देते हैं। अंतर होता है तो बस कार्य की प्रकृति और आकार में, उपर्युक्त तीनों कारकों—धन, श्रम और संसाधन—के वितरण में। मौलिक कार्य सभी एक जैसे होते हैं—चाहे वह सड़कों, एयरलाइंस, जलापूर्ति, सीवेज, निर्माण-कार्य, यातायात एवं परिवहन हो अथवा फिर होटल या नागरिक शासन-प्रशासन चलाना हो। मेरा यह भी मानना है कि यथोचित सफलता प्राप्त करना ही भारत को तेजी से प्रगति की ओर ले जाने के लिए काफी है। विशेषज्ञता अथवा विशिष्टता ही एकमात्र मूल आवश्यकता नहीं है। जब तक मौलिक शर्तें पूरी नहीं करते तब तक विशेषज्ञता का लाभ ही

क्या है? नौकरशाही तंत्र में प्रत्येक व्यक्ति विशेषज्ञता को ही सर्वाधिक महत्त्वपूर्ण मानकर चल रहा है, जबकि सच यह है कि आधारभूत सिद्धांतों के अभाव में इसका कोई लाभ नहीं है, बल्कि हानि ही हो सकती है। कंप्यूटर प्रणाली में विश्लेषकों को जब किसी ऐसी व्यवस्था का कंप्यूटरीकरण करने के लिए कहा जाता है, जिसमें बुनियादी अथवा आधारभूत नियमों का अभाव हो तो उसे भी इसी तरह की दुविधापूर्ण स्थिति का सामना करना पड़ता है। कंप्यूटर प्रणाली की तरह विशेषज्ञता भी व्यक्ति की कार्य-कुशलता में सुधार लाती है और कार्य-कुशलता किसी भी कार्य-परियोजना में सफलता प्राप्त करने के लिए बहुत ही आवश्यक है; लेकिन आधारभूत जानकारियों और सिद्धांतों के अभाव में इसका भी कोई महत्त्व नहीं रह जाता। कितने दुर्भाग्य की बात है कि हमारी व्यवस्था ही कुछ ऐसी है, जिसमें बड़ी-बड़ी घोषणाएँ तो की जाती हैं, लेकिन उन्हें पूरा करने या कार्य-रूप देने के लिए कुछ भी नहीं किया जाता।

मेरा मानना है कि व्यक्ति को अपने अंत:करण की बात सुननी चाहिए और उसपर विश्वास करना चाहिए, भले ही उसके लिए बड़ी-से-बड़ी कीमत क्यों न चुकानी पड़े। परंतु व्यवहार में देखा जाता है कि हम अपने आदर्शों को बनाए रखने के लिए कोई भी कीमत चुकाने को तैयार रहने की बात तो करते हैं, लेकिन जब परीक्षा की घड़ी आती है तो हम लालच, भय और दबाव में आकर सब भूल जाते हैं। इस प्रकार हमारा आदर्श अस्थायी रूप से धुँधला पड़ जाता है। अत: हमें बोलकर अथवा आडंबर करके नहीं, बल्कि करके दिखाना चाहिए। वस्तुत: ईमानदार वही है, जो बेईमानी का अच्छा अवसर मिलने पर भी अपनी ईमानदारी पर बना रहे। जो व्यक्ति अपने विश्वास, आदर्श या मान्यता पर दृढ़ नहीं है, वह बड़ी आसानी से बाह्य परिस्थितियों के दबाव में आकर अथवा स्वार्थवश अपने इरादे बदल सकता है। परंतु ऐसा करके वह आत्मिक असंतोष अथवा आत्म-ग्लानि से नहीं बच सकता और यही वह कीमत है जो उसे अपनी तुच्छ स्वार्थपरता अथवा सिद्धांतहीनता के लिए चुकानी पड़ती है। इस प्रकार, दोनों ही स्थितियों में उसे कीमत चुकानी

पड़ती है; तब फिर अपने आदर्शों को बनाए रखते हुए और जीवन भर की आत्म-ग्लानि से बचते हुए ही क्यों न कीमत चुकाई जाए।

सरकारी कार्यालयों या विभागों में हम प्राय: देखते हैं कि हमारे सहकर्मी, वरिष्ठ अथवा अधीनस्थ कर्मचारी या अधिकारी स्थिति-परिस्थिति के अनुसार अपने कार्य-व्यवहार और आदर्श को भी बदल लेते हैं। चूँकि उनमें दृढ़ता का अभाव होता है, अत: दबाव में आकर या इस प्रकार के किसी अन्य कारक के वशीभूत होकर वे ऐसे काम करने लगते हैं, जो न तो उनके अपने घोषित आदर्शों के अनुकूल होते हैं और न ही उस विभाग या संगठन के आदर्शों एवं शर्तों से मेल खाते हैं, जिनके लिए वे काम कर रहे होते हैं। निष्ठा और विश्वास की कमजोरी के कारण ही ऐसी स्थिति उत्पन्न होती है। निष्ठा और विश्वास की भावना लगाव से आती है। अत: हमें अपने काम के प्रति लगाव रखना जरूरी है। यह लगाव भी एक लंबे प्रयास के बाद विकसित होता है और प्रयास करते रहने से समय के साथ-साथ उसमें दृढ़ता भी आती है। यहाँ ध्यान देने योग्य बात यह है कि हमारा विश्वास या मंतव्य भी तर्कसंगत और सच पर आधारित होना चाहिए। माता-पिता की इसमें महत्त्वपूर्ण भूमिका हो सकती है, क्योंकि हमारे अधिकांश आदर्श और विश्वास बचपन में ही हमारे मस्तिष्क में भरे जाते हैं। विश्वास और आदर्श को मजबूत बनाने के लिए स्थिति का सतत विश्लेषण और आत्मिक विश्लेषण करते रहना भी जरूरी है। कभी-कभी धारणाएँ गलत भी हो सकती हैं; लेकिन जहाँ तक मेरा मानना है, गलत धारणा रखना भी कोई धारणा न रखने की अपेक्षा अच्छा है।

लंबे अनुभवों से मेरे भीतर जो विश्वास पैदा हुए, उनसे मैं आपको अवगत कराना चाहता हूँ।

पहले एक अच्छा मनुष्य बनें

सफलता प्राप्त करने के लिए सबसे पहले एक अच्छा मनुष्य बनना जरूरी है। व्यवहार में देखा जाता है कि हम एक अच्छा अधिकारी, अच्छा डॉक्टर, अच्छा अभियंता या अच्छा पिता या फिर अच्छा भाई,

अच्छा पति बनने पर ही सबसे ज्यादा बल देते हैं; जबकि मेरा मानना है कि जब तक कोई एक अच्छा मनुष्य नहीं बन सकता तब तक वह किसी भी भूमिका में अच्छा सिद्ध नहीं हो सकता। व्यक्तिगत ईमानदारी का पालन करना, मानवीय मूल्यों-आदर्शों के महत्त्व को समझना, सभी की प्रतिष्ठा को ध्यान में रखना, समतापूर्ण और सौहार्दपूर्ण व्यवहार करना, कड़ी मेहनत करना तथा हर प्रकार की धोखाधड़ी या छल-कपट से दूर रहना—ये ही वे गुण हैं, जिनके बल पर हम स्वयं को एक अच्छा मनुष्य बना सकते हैं और परिणामस्वरूप अपने कार्यक्षेत्र में भी सफलता प्राप्त कर सकते हैं। एक सरकारी कर्मचारी होने के नाते मेरा मानना है कि सरकार या सरकारी व्यवस्था से जुड़े सभी लोग—राजनीतिक वर्ग को छोड़कर—नौकर ही हैं। ऊपर से लेकर नीचे तक, सभी स्तरों पर काम करनेवाले लोग नौकर हैं। सरकार का अंग तो जनता द्वारा चुने हुए प्रतिनिधि ही होते हैं। परंतु गलती प्राय: उस समय होती है, जब उच्च सरकारी पद पर पहुँचकर हम स्वयं को 'अवतार' समझने लगते हैं और दूसरे लोगों की प्रतिष्ठा तथा अस्तित्व को शून्य मान बैठते हैं। उस समय हम भूल जाते हैं कि सभी मनुष्य एक ही ईश्वर की संतान हैं। इसका अहसास हमें सेवानिवृत्ति के बाद उस समय होता है, जब साधारण से दैनिक कार्यों के लिए स्वयं से निम्न स्तर के लोगों के साथ एक ही पंक्ति में खड़े होते हैं; उदाहरण के लिए, अपने घर की बिजली या फोन का बिल भुगतान करने के लिए।

अंततः सच की ही जीत होती है

मेरे एक मित्र आमोद कंठ, जो एक पुलिस अधिकारी हैं, ने एक बार परिहास करते हुए कहा था कि इस कलियुग में सभी को अपने-अपने अच्छे कर्मों का दंड भुगतना पड़ता है और वह भी यहीं, इसी जन्म में। मैं स्वयं भी इस अनुभव से गुजर चुका था, इसलिए अपने मित्र की इस बात से सहमति भी रखता हूँ। लेकिन सचमुच सबकुछ कितना बदल गया है—एक सतयुग था, जब हर किसी को अपने अच्छे कर्मों का सुफल और बुरे कर्मों का दंड भुगतना पड़ता था। दिसंबर 2002 में जब

कोई आधिकारिक कारण बताए बिना मुझे भारतीय पर्यटन विकास निगम के अध्यक्ष पद से हटा दिया गया—जबकि निजीकरण के उस दौर में निगम ने जो उपलब्धि हासिल की थी, वह प्रशंसनीय थी—तब से मैं भी इसी तरह सोचने लगा हूँ। उस समय मेरे सहकर्मियों और शुभचिंतकों ने देश के प्रति मेरी निष्ठा और कार्य-संपादन में विश्वास पर प्रश्न उठाया था, जिसकी कीमत मुझे सेवा से हाथ धोकर चुकानी पड़ी थी। सच, उस समय मेरे इस विश्वास को गहरा झटका लगा था कि व्यक्ति को सदैव अच्छे कर्म ही करने चाहिए और इन अच्छे कर्मों का उसे सुफल मिलता ही है, न कि दंड। परंतु होटल अशोका के समागम भवन में एकत्र होटल-कर्मियों की एक बड़ी भीड़, जो मुझे विदाई देने के लिए वहाँ एकत्र हुई थी—और संभवत: निगम के इतिहास में ऐसा पहली बार हुआ था—के सामने बोलने के लिए मैं खड़ा हुआ। उस समय ऐसा लगा जैसे मेरा पद पहले से भी ऊँचा हो गया। मैंने अपने कर्मचारियों से कहा कि वे जीवन को पूर्णता में देखें, किसी एक घटना के आधार पर उसका मूल्यांकन न करें। वस्तुत: दृढ़ विश्वास के साथ आगे बढ़नेवाला कोई व्यक्ति किसी एक बाधा या घटना से विचलित नहीं होता। इससे उसका विश्वास प्रभावित नहीं होता। अंत में जीतनेवाला ही विजयी कहलाता है, भले ही यह अंतिम विजय प्राप्त करने के लिए उसे कई हारों से क्यों न गुजरना पड़ा हो। वैसे मैं अच्छी तरह जानता हूँ कि आमोद ने यह बात मजाक में ही कही थी, क्योंकि मैं विश्वास के साथ कह सकता हूँ कि दंड भुगतने के डर से वह अपने कर्तव्य-पथ से कभी विचलित होनेवाले नहीं हैं। समाज या व्यवस्था की ओर से उन्हें अपने महान् कार्यों का चाहे जो भी पुरस्कार मिले।

आज की परिस्थितियों के बारे में कोई कुछ भी कहे, लेकिन मेरा दृढ़ विश्वास है कि अंतत: सच की ही जीत होती है, भले ही उसमें समय ज्यादा लग जाए। सच्चाई पर चलनेवाले व्यक्ति को शुरू में कठिन परिस्थितियों से जरूर गुजरना पड़ता है, अंतत: वह विजयी बनकर उभरता है और इस प्रकार उसे एक अलग ही आत्मिक सुख की अनुभूति होती है। अकसर होता यह है कि हम छोटी-छोटी असफलताओं से हार मानकर कार्य को बीच में ही छोड़

देते हैं; सफलता प्राप्त करने का यह अच्छा तरीका कदापि नहीं हो सकता। वस्तुतः सत्य के मार्ग पर चलना इतना आसान नहीं है, इसलिए इसमें बाधाएँ और असफलताएँ तो स्वाभाविक ही हैं; लेकिन इन्हीं असफलताओं में ही सफलता भी निहित होती है, क्योंकि असफलताएँ ही सफलता का मार्ग प्रशस्त करती हैं। सच्चाई के मार्ग पर बने रहकर ही हम दूसरों के मन में अपने प्रति प्रेम और सम्मान की भावना जगा सकते हैं। इससे हमें आत्मिक सुख की प्राप्ति भी होती है। हमारे यहाँ प्रचलित विभिन्न धर्मों के मत या सिद्धांत भले ही अलग-अलग हैं, लेकिन ये सभी सत्य पर सर्वाधिक बल देते हैं, क्योंकि अंततोगत्वा इसी से मनुष्य को आत्मिक सुख और आनंद मिलता है। जीवन में कठिनाइयाँ और विपरीत परिस्थितियाँ तो आती ही हैं, लेकिन वास्तव में ये अस्थायी होती हैं, अतः ये ही हमारे विश्वास और सत्य-पालन की कसौटी हैं।

सोच या दृष्टिकोण महत्त्वपूर्ण है

प्रबंधन के आधुनिक सिद्धांतों ने पहले से चले आ रहे सिद्धांतों का खंडन कर दिया है। ज्ञान अथवा जानकारी को सर्वाधिक महत्त्वपूर्ण माना जाता था, दूसरा स्थान कुशलता अथवा दक्षता को दिया जाता था और दृष्टिकोण अथवा सोच को सबसे पीछे रखा जाता था; परंतु आज स्थितियाँ बदल गई हैं। आज सोच सबसे महत्त्वपूर्ण कारक बन गई है। दूसरा स्थान कुशलता या दक्षता को दिया जाने लगा है। मेरा मानना है कि ज्ञान, कौशल और सोच के बीच रखा गया पूर्व अनुपात 90:9:1 अब उलटा हो गया—यानी 1:9:90 के अनुपात में हो गया है। मैं विश्वास के साथ कह सकता हूँ कि इस नए अनुपात के आधार पर कार्य करते हुए हम निश्चित रूप से सफलता प्राप्त कर सकते हैं। वस्तुतः सफलता के लिए सकारात्मक सोच एक आवश्यक शर्त है। नकारात्मक सोच रखनेवाला व्यक्ति अपने जीवन में सफल नहीं हो सकता, क्योंकि ऐसे व्यक्ति का विश्वास कमजोर होता है। वह सदैव स्वयं को कमजोर करके ही देखता है। इस प्रकार हमारी सोच ही हमें सफलता या असफलता तक पहुँचानेवाली होती है।

सन् 1995 की गरमियों में मैं ब्रिटेन की यात्रा पर गया था। यातायात

संग्रहालयों के अंतरराष्ट्रीय संघ के वार्षिक सम्मेलन में भाग लेने के बाद नॉर्वे की राजधानी आसला से वापस लौटते समय मैं दिल्ली रेल संग्रहालय के निदेशक के रूप में यॉर्क रेल संग्रहालय में गया, उल्लेखनीय है कि यॉर्क रेल संग्रहालय को 'विश्व के रेल संग्रहालयों का मक्का' कहा जाता है। वहाँ मैंने अनेक भाप लोकोमोटिव (इंजन) देखे, जो बिलकुल अच्छी स्थिति में थे। उनमें से कुछ तो मुख्य रेल लाइनों पर गाड़ियाँ भी चला रहे थे। सचमुच, यह सब देखकर मैं हैरान था। मुझे लगा, मैं भी इस क्षेत्र में कुछ खास कर सकता हूँ। राष्ट्रीय गौरव की भावना से भरकर मैंने वहीं और उसी समय निर्णय लिया कि मैं सन् 1855 में निर्मित फेयरी क्वीन भाप लोकोमोटिव—जो उस समय दिल्ली रेल संग्रहालय में खड़ा था—को पुनः चलाऊँगा। मैंने अपने इस निर्णय की घोषणा भी उसी समय कर दी। इस बात से मैं बिलकुल अनभिज्ञ था कि यह मुझे विश्व-कीर्तिमान यानी 'गिनीज बुक' तक भी पहुँचा सकता है। उस समय मैं फेयरी क्वीन की वास्तविक स्थिति से भली-भाँति परिचित नहीं था, इसलिए अपने इस निर्णय की सफलता के प्रति आश्वस्त भी नहीं था; लेकिन हाँ, मुझमें एक सकारात्मक सोच थी, जो मेरे आत्मिक साहस से पैदा हुई थी। दृढ़ आत्मविश्वास और सकारात्मक सोच के बिना ऐसी घोषणा की ही नहीं जा सकती।

सन् 1993 में जब मैंने रेल संग्रहालय के निदेशक के रूप में पदभार सँभाला था, उस समय मैं आत्मविश्वास और सकारात्मक सोच से भरा हुआ था। अपने इसी आत्मविश्वास और सकारात्मक सोच के बल पर मैंने तत्कालीन रेल राज्य मंत्री सुरेश कलमाड़ी और पूरे रेलवे बोर्ड के सामने 1 फरवरी, 1996 को—संग्रहालय के रजत जयंती समारोह के अवसर पर—घोषणा की थी कि मैं अपने रेल संग्रहालय को न केवल भारत का अपितु पूरे विश्व का सबसे अच्छा संग्रहालय बनाना चाहता हूँ। इस पर सुरेश कलमाड़ी ने उठकर दो लाख रुपए के पुरस्कार की घोषणा की थी—भारतीय रेलवे द्वारा घोषित अब तक का सबसे बड़ा पुरस्कार। अंत में यह घोषणा भी सच सिद्ध हुई।

अगले दो वर्षों में संग्रहालय ने विश्व-स्तरीय प्रतिष्ठा प्राप्त कर

ली। इसी तरह, जब मैंने यह घोषणा की थी कि मेरे नेतृत्व में भारतीय पर्यटन विकास निगम वर्ष के अंत तक 70 प्रतिशत की वृद्धि–दर प्राप्त कर लेगा तो उस समय की मेरी सकारात्मक सोच ही मेरे लिए शक्ति और प्रेरणा का काम कर रही थी। मेरे असमय सेवा से बाहर हो जाने के बावजूद निगम 50 प्रतिशत की वृद्धि–दर पर पहुँच गया था। पारिवारिक जीवन की खुशी के लिए भी सकारात्मक सोच जरूरी है। सकारात्मक सोच ही हमें पीड़ाओं व बीमारियों से बचाती है। वस्तुतः सकारात्मक सोच रखनेवाला व्यक्ति दुःखी हो ही नहीं सकता, क्योंकि सकारात्मक सोच जीवन—चाहे वह व्यक्तिगत जीवन हो या फिर आधिकारिक—की सभी समस्याओं का हल प्रस्तुत करती है।

कार्य-संपादन सर्वोपरि है

शेष सभी इसके बाद आते हैं। विकासशील देशों की पहली प्राथमिकता कार्य–संपादन ही होनी चाहिए; व्यवस्था, नियम या प्रक्रियाएँ—ये कार्य–संपादन को आसान बनाने के लिए हैं। यदि इनमें से कोई भी कार्य–संपादन के रास्ते में आती है तो उसे छोड़ा जा सकता है। परंतु हमारी व्यवस्था में कार्य–संपादन से पहले यह देखा जाता है कि क्या उससे नियमों व प्रक्रियाओं की औपचारिकताएँ पूरी होती हैं। इस प्रकार हमारा अधिकांश समय औपचारिकताएँ पूरी करने में ही चला जाता है। फाइल संबंधी औपचारिकताएँ पूरी करने में हम इतने व्यस्त हो जाते हैं कि कार्य–संपादन का हमारा उद्‌देश्य पीछे छूट जाता है। कार्य–संपादन के लिए मैंने स्थापित नियमों–प्रक्रियाओं को कई बार लाँघ जाने की कोशिश की है और उसमें प्रायः सफल भी रहा हूँ। कई बार तो व्यक्तिगत जोखिम उठाकर भी मैंने ऐसा किया है। वस्तुतः यदि मैं ऐसा नहीं करता तो कार्य–संपादन संभव ही नहीं था। जी हाँ, यदि आपका उद्‌देश्य और दृष्टिकोण स्पष्ट है तो कार्य–संपादन आपके लिए कभी भी कठिन या असंभव नहीं हो सकता। विकसित देशों की अपनी अलग–अलग यात्राओं से मुझे यह अनुभव मिला कि हमें जीवन के प्रत्येक क्षेत्र में कार्य–संपादन को ही सर्वोपरि मानना चाहिए। मेरा मानना है कि कार्य–संपादन का सीधा

संबंध सकल राष्ट्रीय उत्पाद से है और सकल राष्ट्रीय उत्पाद का संबंध नागरिकों की क्रय-शक्ति से है। जब तक हम कार्य-संपादन की अपनी प्रक्रिया या पहलू में सुधार लाकर अपनी विकास-दर को नहीं बढ़ा सकते तब तक हम विकसित देशों की बराबरी में नहीं आ सकते। मैं इस स्थिति से घृणा करता हूँ, जिससे हमारा देश अन्य देशों से पीछे हो।

पहले अपने, फिर पराए

'आरोप-प्रत्यारोप के भारतीय खेल' को लगातार देखते रहते हुए मैंने निष्कर्ष निकाला कि संभवतः हम एक ऐसे देश के नागरिक हैं, जिसके सभी नागरिक एक-दूसरे की शिकायत करते रहने में ही आत्म-संतोष प्राप्त करते हैं। सचमुच, हम दूसरों की कमियाँ ढूँढ़ते रहते हैं, अपनी स्वयं की गलतियों पर कभी ध्यान नहीं देते। जी हाँ, हमें सभी से शिकायत होती है—चाहे वह कोई वस्तु हो या व्यक्ति। लेकिन किसी की शिकायत करते समय हम यह भूल जाते हैं कि हम दूसरों की शिकायत तभी कर सकते हैं, जब हम स्वयं किसी को शिकायत का मौका नहीं दे रहे हों। कितना अजीब और बेहूदा लगता है, जब हम किसी सरकारी बाबू को यह शिकायत करते हुए देखते-सुनते हैं कि इतनी महँगाई में इतने कम वेतन पर गुजारा कैसे किया जाए, जबकि वही सरकारी बाबू कार्यालय में अपना काम समय पर नहीं निपटाता, फाइलें इधर-से-उधर करते हुए और गप्पें लड़ाते हुए दफ्तर में समय बिताता है। इतना ही नहीं, वह दफ्तर भी देर से आता है और जल्दी चला भी जाता है। वस्तुतः वह सरकारी बाबू स्वयं यह नहीं समझ पाता कि भारत में जीवन-यापन का खर्च ज्यादा होने का कारण हमारी निम्न राष्ट्रीय उत्पादकता ही है और उत्पादकता कम होने का कारण यह है कि यहाँ अनुत्पादक कार्यों में लगे लोगों की भरमार है। सन् 1996 में केंद्र सरकार के कर्मचारियों ने धमकी दी थी कि यदि पाँचवें वेतन आयोग में उनकी वेतन-वृद्धि की माँग को स्वीकार नहीं किया गया तो वे हड़ताल पर चले जाएँगे। सच तो यह है कि चलन में मौजूद कुल मुद्रा का मूल्य हमारे द्वारा उत्पादित कुल वस्तुओं और सेवाओं के मूल्य के बराबर ही होता है। अतः वेतन-वृद्धि की माँग को लेकर विरोध प्रदर्शित

करने का सबसे अच्छा तरीका यही है कि हम काम के घंटे बढ़ा दें, आवश्यकता पड़ने पर साप्ताहिक अवकाश में भी काम करें। हम काम और स्थितियों को स्वयं ही जटिल बना लेते हैं, लेकिन अपने काम और स्थितियों की ओर ध्यान न देते हुए हम दूसरों पर उँगली उठाने में या उनकी शिकायत करने में ही स्वयं को व्यस्त रखते हैं। मैं भले ही रेलवे या पर्यटन विभाग में कुछ नहीं कर पा रहा हूँ, लेकिन दिल्ली परिवहन निगम एवं जल बोर्ड को अपने कार्यों में सुधार लाने का सुझाव जरूर दे सकता हूँ। जी हाँ, हम दूसरों से तो बड़ी-बड़ी उम्मीदें रखते हैं, लेकिन स्वयं कुछ नहीं करना चाहते। हम बस इसी इंतजार में रहते हैं कि कोई आए और यह काम शुरू कर दे। इस प्रकार, इंतजार करनेवालों की एक लंबी कड़ी तैयार हो जाती है और काम कोई नहीं हो पाता, क्योंकि सभी इंतजार में ही बैठे रह जाते हैं। यह एक अपरिपक्व एवं अविकसित समाज का लक्षण है। मैं अकसर सोचता हूँ कि सन् 1947 में स्वतंत्रता प्राप्त करने के बाद भारत ने लोकतंत्रात्मक व्यवस्था चुनी थी। उस समय भारतीय समाज एक पाँच वर्षीय बालक की तरह था, जिसके माता-पिता ने निर्णय लिया कि यह बालक भी परिवार में बराबर की भूमिका रखता है, इसलिए इसे अपने फैसले स्वयं करने दिए जाएँ। ऐसे में एक हमारा देश भी अव्यवस्था और असूझ के लक्षण दिखाने लगा है। इसका पता हम इसी तथ्य से लगा सकते हैं कि स्वतंत्रता के छह दशकों बाद भी आज हम अपने सभी देशवासियों को पीने के पानी, बिजली, सफाई और आवास जैसी मूलभूत सुविधाएँ तक उपलब्ध नहीं करा सके हैं। जी हाँ, आप दिल्ली—जो देश की राजधानी और हृदय-स्थल है—की रेलवे लाइनों के किनारे आज भी—जबकि हम इक्कीसवीं सदी में प्रवेश कर चुके हैं—लोगों को शौच करते देख सकते हैं। ऐसे में हम किस राष्ट्रीय उपलब्धि की बात करेंगे! सचमुच, हमारी सभी राष्ट्रीय उपलब्धियाँ, चाहे परमाणु शक्ति के क्षेत्र में हों या फिर किसी और क्षेत्र में, इस कटु सच्चाई के सामने फीकी पड़ जाती हैं। परदे के पीछे का यह नंगापन तो मुझे यही संकेत करता है कि हमारा देश बढ़ जरूर रहा है, लेकिन आगे की ओर नहीं। इसका कारण भी हमारी अपरिपक्वता ही है। इस प्रकार की सभी समस्याओं का हल हम देशवासियों

और सरकारी निकायों में ही निहित है, जिसे हम पूरी निष्ठा से अपने कर्तव्यों का पालन करते हुए पूरा कर सकते हैं। हम जो भी काम करें, पूरी ईमानदारी, गंभीरता और निष्ठा से करें। दूसरों को उपदेश देने की अपेक्षा स्वयं करके दिखाना अधिक अच्छा है, इसलिए हमें उपदेश तभी देना चाहिए, जब उस उपदेश को हम स्वयं व्यवहार में ला रहे हों।

नेता के गुण

विभिन्न संगठनों में अलग-अलग स्तरों पर हमें नेता मिल जाएँगे। हमें ऐसे व्यक्तियों की जरूरत होती है, जिनमें आदर्श नेता के गुण विद्यमान हों। वस्तुत: कार्यकारी अथवा प्रशासनिक पदों के लिए नेतृत्व का गुण और सामान्य समझ बहुत जरूरी हैं। विभिन्न परिस्थितियों से यह सिद्ध हो चुका है कि निष्ठा, वफादारी और अच्छे नेतृत्व-गुण से युक्त लोग ही कार्य-संपादन के अभिकर्ता हो सकते हैं। परंतु व्यवहार में स्थिति इसके ठीक विपरीत दिखाई देती है। आज हमें ऐसे ही नेता या अधिकारी अधिक मिलेंगे, जिनके अधीनस्थ कर्मचारी सदैव उनकी शिकायत करते रहते हैं, जो स्वयं कोई कार्य न करते हुए भी दूसरों को कार्य करने का उपदेश देने में व्यस्त रहते हैं, जो अपने कार्य-व्यवहार से अन्य लोगों को प्रेरणा तथा प्रोत्साहन नहीं दे पाते। वस्तुत: ऐसे लोग अपने सामान्य जीवन से भी संतुष्ट नहीं हो पाते। लेकिन आज ऐसे ही लोगों की भरमार है, जबकि देश को न तो ऐसे लोगों की जरूरत है और न ही वह इन्हें लेकर आगे ही बढ़ सकता है। सचमुच, ऐसे लोग अपने संगठन को ही नहीं, पूरे देश को नुकसान पहुँचा रहे हैं। यदि देश को विकास और उत्कर्ष की ओर ले जाना है तो इस स्थिति को बदलना होगा। इसके लिए संभवत: देश की ज्ञान-आधारित शिक्षा-प्रणाली के स्थान पर एक व्यावहारिक और व्यवसायपरक शिक्षा-प्रणाली शुरू करने की आवश्यकता पड़े, जिसमें व्यक्तिगत और सेवा-व्यवसाय संबंधी गुणों के विकास पर अधिक बल दिया जाए।

अपनी क्षमता एवं संभाव्यता को साकार करें

हम सभी के आधिकारिक जीवन में प्राय: ऐसी स्थितियाँ आती ही हैं, जो हमारी क्षमता एवं संभाव्यता को प्रकट कर देती हैं। भारतीय पर्यटन

विकास निगम के अध्यक्ष पद पर अल्पकालिक सेवा संभवतः मेरे जीवन की ऐसी ही स्थिति थी, जिसने मेरी क्षमता एवं संभाव्यता को मेरी आँखों के सामने प्रकट कर दिया। ऐसा नहीं है कि जिस पद पर रहते हुए मेरी अपनी संभाव्यता का भरपूर उपयोग नहीं हो पाता, उससे मेरी क्षमता या संभाव्यता नष्ट ही हो जाती है। इसलिए मैं अधिक-से-अधिक चुनौतीपूर्ण कार्य की तलाश में रहता हूँ—जीवन भर मैं इसी आधार पर कार्य करता रहा हूँ। भारतीय पर्यटन विकास निगम में आने से पहले मेरे जीवन का सबसे बड़ा सपना यही था कि मुझे सार्वजनिक क्षेत्र के इस बीमार संगठन का प्रमुख बनने का अवसर मिले, ताकि मैं इसे पुनरुज्जीवित कर एक नई पहचान दे सकूँ। परंतु जब वास्तव में यह चुनौती मेरे सामने रखी गई, उस समय शुरू में मैं अक्षमता-सी महसूस करने लगा था। उल्लेखनीय है कि यह चुनौती तत्कालीन पर्यटन एवं संस्कृति मंत्री अनंत कुमार द्वारा मेरे सामने रखी गई थी। पद-भार सँभालते ही आदेश पर आदेश जारी होने लगे और मैंने निगम को व्यवस्थित एवं सुचारु रूप देने पर ही अपना सारा ध्यान केंद्रित कर लिया। मेरे भीतर सफलता प्राप्त करने का आत्मविश्वास था। यह आत्मविश्वास संभवतः पहले की चुनौतीपूर्ण सफलताओं से ही विकसित हुआ था। लेकिन इसके साथ-ही-साथ एक अनिश्चितता की स्थिति भी मेरे चारों ओर मँडरा रही थी। मैं निगम का तदर्थ अध्यक्ष था, यानी किसी भी समय मुझे हटाया जा सकता था। उधर मैं विनिवेश मंत्रालय की आँखों में भी खटक रहा था; लेकिन इन सब स्थितियों के बावजूद मैं निगम में एक नई जान फूँकने में बहुत हद तक सफल रहा, और यदि मुझे असमय बाहर नहीं किया जाता तो इसे अंतरराष्ट्रीय स्तर की उपलब्धि बना सकता था। मुझे हटाए जाने की घटना सचमुच दुःखद थी, और उससे भी अधिक दुःखद थी सरकार की उदासीनता। परंतु निगम को पुनरुज्जीवित करके मुझे जो आत्मसंतोष मिला, वह पर्याप्त था, क्योंकि इससे मेरी क्षमता एवं संभाव्यता मेरी आँखों के सामने प्रकट हो गई थी। मुझे यह आत्मविश्वास हो चुका था कि आवश्यकता पड़ने पर मैं अपनी कार्य-क्षमता को उपयोग में ला सकता हूँ। इससे मेरा यह विश्वास और भी मजबूत हुआ कि व्यक्ति को अपनी क्षमता

एवं संभाव्यता यथाशीघ्र प्रकट करनी चाहिए। परंतु यह आसान या सामान्य कार्य-परिस्थितियों में संभव नहीं है। वस्तुत: अपनी संभाव्यता का वास्तविक रूप हम विपरीत कार्य-परिस्थितियों में ही देख पाते हैं। चुनौतीपूर्ण स्थितियाँ ही व्यक्ति की क्षमता-संभाव्यता में निखार लाती हैं। अत: यदि आप अपनी पूर्ण संभाव्यता को देखना चाहते हैं तो अधिक-से-अधिक चुनौतीपूर्ण अवसरों की तलाश में लगे रहें—कार्य जितना चुनौतीपूर्ण होगा उतना ही अच्छा है—और परिणाम की चिंता न करें।

चुनौती या खतरे के मूल में जाएँ

आज हमारे देश की परिस्थितियाँ इस हद तक बिगड़ चुकी हैं कि छोटी-बड़ी समस्याओं से उलझे बिना कोई भी कार्य संपन्न नहीं किया जा सकता। चारों ओर समस्याओं का जाल बिछा है, लेकिन इसके बावजूद हम यह कहकर स्वयं को और दूसरों को विश्वास दिलाने की कोशिश में लगे हैं कि यहाँ कोई समस्या ही नहीं है। जी हाँ, स्थिति यहाँ तक पहुँच गई है कि समस्या के बारे में बात करने या उसकी ओर संकेत करनेवाले व्यक्ति को ही समस्या मान लिया जाता है। यही कारण है कि हम समस्या के बारे में पूछे जाने पर उसके अस्तित्व को नकार देते हैं। सकारात्मक कार्य या सुचारु व्यवस्था को एक बाधा एवं एक समस्या माना जाने लगा है। ऐसे में यह आश्चर्य करना स्वाभाविक ही लगता है कि जब कुछ भी नहीं चल रहा है तो आखिर इतनी बड़ी रेल-व्यवस्था कैसे चल रही है? हमारे यहाँ ऐसे लोग भी हैं, जो ईश्वर की सत्ता में सिर्फ इसलिए विश्वास करते हैं कि इतनी अव्यवस्था के बावजूद देश चल रहा है। लेकिन कोशिशों के बावजूद हम समस्याओं को नहीं सुलझा पाते। इसका मुख्य कारण यही है कि हम अप्रत्यक्ष तरीके से उन्हें सुलझाने की कोशिश करते हैं, क्योंकि हम समस्याओं की उपस्थिति को स्वीकार ही नहीं करते। ऐसे में किसी सरकारी अधिकारी को यह कहते हुए सुनना कितना दिलचस्प लगता है कि 'हम कोई समस्या नहीं चाहते'। सचमुच सरकारी अधिकारियों में यह एक मानक भाषण बन गया है। इस प्रकार की सोच से यही संकेत मिलता है कि हम समस्याओं का समाधान करना तो दूर, उनका सामना

भी नहीं करना चाहते। हम या तो यह कहकर स्वयं को संतुष्ट कर लेते हैं कि यहाँ कोई समस्या नहीं है या फिर यह मान लेते हैं कि समस्याएँ तो आती-जाती रहती हैं।

मैं पूरे विश्वास के साथ कह सकता हूँ कि समस्या को गलत ढंग और गलत दृष्टिकोण से देखने के मामले में हम भारतीयों का दुनिया में कोई सानी नहीं है, और हमारी इस विशेषता के पीछे हमारी सोच एवं प्रवृत्ति ही है, जिसके आधार पर हम यह मान बैठे हैं कि समस्या नाम की कोई वस्तु ही नहीं है। वैसे समस्या को सुलझाने का सबसे अच्छा तरीका—जहाँ तक मैं समझता हूँ—यही है कि हम उसे पीछे से नहीं बल्कि सामने से या उसके मूल से पकड़ें।

समस्याग्रस्त भारतीय पर्यटन विकास निगम में मुझे अपना पहला दिन आज भी अच्छी तरह याद है। स्कोप (Scope) या जो निगम का मुख्यालय है और जिसे पिछले पाँच वर्षों से समय-समय पर आनेवाले निगम अध्यक्ष नजरअंदाज करते रहे थे—में वह पहला दिन मुझे सदा याद रहेगा। इसे नजरअंदाज क्यों किया जाता रहा था? क्योंकि यह मुख्यालय था और सभी छोटी-बड़ी समस्याएँ यहाँ विद्यमान थीं। वस्तुतः समय-समय पर यहाँ आनेवाले निगम अध्यक्ष या प्रमुख सरकारी अधिकारियों और सुविधाओं में ही दिलचस्पी रखनेवाले थे। वे अपनी जिम्मेदारियों से कतराते थे, इसीलिए वे सुरक्षित ट्रांसपोर्ट भवन में बैठकर ही सारे कार्य संचालित करना ज्यादा पसंद करते थे, या फिर उससे भी अच्छा होटल अशोक के शानदार कार्यालय में, जहाँ बैठकर आराम से खाया-पिया भी जा सकता था। इसलिए स्कोप (Scope) परिसर में स्थित मुख्यालय जाने की जहमत कोई नहीं उठाना चाहता था। भारतीय पर्यटन विकास निगम में सौ कर्मचारी संघ मौजूद थे। इन संघों का प्रतिनिधित्व करनेवाले तीन महासंघ थे, जिन्हें प्रबंधन की ओर से मान्यता प्राप्त थी। लेकिन उन्हें समस्याकारक ही माना जाता था; इसलिए उन्हें दूर रखा जाता था। परिणामस्वरूप प्रबंधन और संगठित मजदूरों में किसी प्रकार का अंतर्व्यवहार नहीं हो पाता था। एक रेलवे अधिकारी होने के नाते मैं श्रम और श्रमिकों के महत्त्व को समझता था। वस्तुतः उस समय मैं यही मानता था कि ये

संघ कर्मचारियों से सीधे संपर्क स्थापित करने में एक कड़ी का काम करते हैं। पद-भार ग्रहण करने के पहले ही दिन मैंने तीनों महासंघों के सदस्यों को औपचारिक बातचीत के लिए बुलाया। इस आमंत्रण पर वे सचमुच बहुत खुश हुए थे। साथ ही, उन्हें आश्चर्य भी हुआ था। आश्चर्य इस बात पर कि जो प्रबंधन अब तक उन्हें नजरअंदाज करता आ रहा था, वही प्रबंधन आखिर आज उन्हें बातचीत के लिए कैसे आमंत्रित कर रहा है। खैर, इस पहली बैठक में ही दोनों पक्षों—प्रबंधन और संगठित श्रम—के बीच पारस्परिक सहयोग और सम्मान की भावना विकसित होनी शुरू हो गई। वैसे मेरे इस कदम से एक संकेत और मिला कि मैं श्रमिक संघों से डरता नहीं हूँ, जैसा कि औद्योगिक क्षेत्र में प्रायः देखा जाता है। इतना ही नहीं, इस बैठक से निगम में प्रबंधन और श्रमिकों के बीच एक नए पारस्परिक संबंध का युग भी शुरू हुआ। कर्मचारियों एवं श्रमिकों के मन में निगम के प्रमुख के प्रति सम्मान की भावना विकसित हुई और इससे उनकी निष्ठा एवं वफादारी भी बढ़ी, जो पूर्ववर्ती निगम प्रमुख नहीं कर सके थे। कारण, वे समस्या या चुनौती को सामने से पकड़ने में सक्षम नहीं थे।

काम के प्रति उत्साह और लगन पैदा करें

यदि हम अपने काम और व्यक्तिगत जीवन के प्रति अपने मन में लगन एवं उत्साह के रूप में भावावेश विकसित कर सकें तो निश्चित रूप से हमारा जीवन सरस और सुखमय बन सकता है। कोई भी काम करें, कहीं भी काम करें, जरूरी है कि पूरी लगन और भावावेश से करें—चाहे कार्यालय में हों, मित्रों के साथ हों, घर पर हों या खेल के मैदान में हों। यह लगन या भावावेश हम तभी विकसित कर सकते हैं, जब अपने छोटे-बड़े प्रत्येक कार्य को गंभीरता से लें और उसे पूरे मन से करें, साथ ही यह भी जरूरी है कि हम अपनी छोटी-बड़ी सभी प्रकार की सफलताओं पर स्वयं अपना उत्साहवर्धन करें और सकारात्मक सोच बनाए रखें। ऐसा करके हम एक संतुष्ट जीवन व्यतीत कर सकते हैं। परंतु आधिकारिक अथवा सरकारी कार्य में यह लगन और भावावेश तभी

विकसित हो सकता है जब हमें अपने देश से संबंधित संगठन या विभाग से और अपने सहकर्मियों से लगाव हो तथा उनके प्रति सम्मान की भावना हो। यदि इस तरह की लगन हम पैदा कर सकें तो कोई कारण नहीं कि हम अपने कार्य या जीवन से संतुष्ट न हों। सचमुच इससे जीवन में एक उत्साह और उमंग का संचार होता है और इस प्रकार हमारे दैनिक कार्य भी सरस एवं रुचिकर बन जाते हैं। इतना ही नहीं, इससे हमारी निर्णय-निर्धारण की क्षमता भी बढ़ती है, क्योंकि हम पूरे मन से सोच-विचार करके ही निर्णय लेते हैं। उस स्थिति में नया दिन नई-नई सफलताओं का संदेश लेकर आता है, क्योंकि हमारी सोच सकारात्मक हो जाती है और सफलता को लेकर हमारा आत्मविश्वास भी बुलंदी पर होता है। इस प्रकार, हमारा जीवन खिल उठता है।

सभी मनुष्य सामान्यतया अच्छे होते हैं

यदि किसी सरकारी बाबू से बात करें और उसकी बात को गंभीरता से लें तो आप जरूर इस विश्वास में आ जाएँगे कि सचमुच उसके अधीन काम करनेवाले ज्यादातर कर्मचारी अयोग्य हैं, आलसी हैं, कामचोर हैं, अनुशासनहीन हैं और भ्रष्ट भी हैं। सरकारी क्षेत्र या विभाग से जुड़े प्रायः सभी लोगों की धारणा अन्य सभी लोगों—अपने कुछ खास परिचितों या मित्रों तथा स्वयं को छोड़कर—के प्रति गलत ही होती है। हम दूसरों में बुराई के सिवाय कुछ और नहीं देखते और बुराई भी उसकी, जो मौके पर मौजूद नहीं है। यह आलोचना या बुराई किसी व्यापक उद्देश्य से प्रेरित नहीं होती, बल्कि यह व्यक्तिगत पूर्वापेक्षा की परिणति होती है। वस्तुतः बुराई या आलोचना वही करता है, जो स्वयं कुछ अच्छा कर पाने में सक्षम नहीं होता या जो बार-बार असफल होता है और ऐसे लोगों की इस दुनिया में भरमार है। इसके विपरीत, जो पूरे मन से अपने काम में लगा रहता है तथा सफलता प्राप्त करता है वह किसी की निंदा में रत नहीं होता; लेकिन दुःख की बात यह है कि ऐसे लोग कम ही मिलते हैं। जहाँ तक मेरा खयाल है, जब हम स्वयं एक राष्ट्र, संगठन, विभाग या समाज के रूप में कार्य-संपादन में अक्षम हो जाते हैं, तभी इस

तरह की समस्या पैदा होती है। ऐसे में हम स्वयं कुछ न करते हुए दूसरों में दोष निकालने की एक सतत प्रक्रिया में रत हो जाते हैं। गलतियों और असफलताओं का दोषारोपण सदैव स्वयं से निम्न स्तर पर कार्य कर रहे लोगों पर ही लगाया जाता है और सफलता का श्रेय सर्वोच्च स्तर पर बैठे अधिकारी को जाता है। मेरा अनुभव यह कहता है कि सार्वजनिक क्षेत्र के संगठनों में बीमारी की जड़ संबंधित संगठन के मुख्य कार्यकारी अधिकारी में निहित होती है। सचमुच, संगठन की बीमारी या अच्छे स्वास्थ्य के लिए स्वयं मुख्य कार्यकारी अधिकारी ही जिम्मेदार होता है। अतः यदि अनुशासनहीनता, अकर्मण्यता और भ्रष्टाचार के लिए हम सीधे-सीधे कर्मचारियों को दोषी ठहराते हैं—जबकि इसकी जड़ सर्वोच्च स्तर पर ही होती है—तो यह दुर्भाग्यपूर्ण ही कहा जाएगा। जी हाँ, बीमारी या भ्रष्टाचार, अव्यवस्था की जड़ ऊपर से नीचे की ओर ही आती है। यदि हम यह विश्वास लेकर चलें कि सभी मनुष्य एक ही ईश्वर की संतानें हैं और उनके बीच अगर कोई अंतर है, अभौतिक ही है, तो हमारी और हमारे साथ-साथ हमारे संगठन की कार्य-प्रणाली बदल सकती है। परंतु दुर्भाग्य ही कहा जाएगा कि हममें से अधिकांश लोग इसके विपरीत सोचते हैं। हम यह मान बैठते हैं कि हमारे बीच मौजूद अभौतिक अंतर ही समस्या का कारक है। जीवन के बाहरी आवरण और कृत्रिमता को उतार फेंकें और बाँहें फैलाकर सभी को गले लगाना सीखें। आपको अपनी दुनिया रंगीन दिखाई देने लगेगी।

सूचना प्रौद्योगिकी में विश्वास करें

सूचना प्रौद्योगिकी के विकास ने पिछले तीन दशकों में पूरे विश्व की कार्य-प्रणाली में क्रांति ला दी है। सचमुच, सूचना प्रौद्योगिकी ने धरती को जैसे बहुत छोटा बना दिया है। प्रबंधन, सूचना-प्रणाली, प्रक्रिया-नियंत्रण और संचार के क्षेत्र में सूचना प्रौद्योगिकी ने रामबाण का काम किया है। अपने सेवाकाल में मैं कार्य-कुशलता और गुणवत्ता में सुधार लाने के लिए सूचना प्रौद्योगिकी का प्रयोग करता रहा था। सूचना प्रौद्योगिकी में मेरी दिलचस्पी उस समय शुरू हुई, जब सन् 1985 में मैं

कोलकाता स्थित पूर्वी रेलवे के मुख्यालय में एक वरिष्ठ मेकैनिकल इंजीनियर के रूप में कार्य कर रहा था, जहाँ भारतीय रेलवे के डीजल शेडों, वाहन डिपो, वैगन डिपो और कार्यशालाओं के कंप्यूटरीकरण के लिए पायलट परियोजनाएँ संपन्न की गई थीं—और यह सबकुछ बिलकुल अकेले। तत्कालीन प्रधानमंत्री स्व. श्री राजीव गांधी, जो स्वयं सूचना प्रौद्योगिकी के पक्ष में थे—सरकारी व्यवस्था को सूचना प्रौद्योगिकी से जोड़ने के लिए प्रयासरत थे। कोलकाता में अपनी सेवा के दौरान ही मुझे सूचना प्रौद्योगिकी की क्षमता और महत्त्व का अहसास हुआ।

मुगलसराय स्टेशन से आने-जानेवाली मालगाड़ियों के समन्वयपूर्ण संचालन के लिए जेनिथ कंप्यूटर्स के सहयोग से सॉफ्टवेयर पैकेज विकसित करना सचमुच एक रोमांचकारी अनुभव था। जो कार्य हस्तचालित प्रणाली से बिलकुल असंभव दिखाई दे रहा था, उसे एक चिप ने संभव करके दिखा दिया। परिणामस्वरूप मुगलसराय में वैगनों की एक समन्वित स्थिति स्पष्ट रूप से सामने आ गई। यह सन् 1987 की बात है। इसके दो वर्ष बाद यानी सन् 1989 में वाराणसी के डीजल लोकोमोटिव कार्यशाला के प्रमुख के रूप में कार्य करते हुए मुझे भारतीय रेलवे को स्पेयर पाट्र्स की आपूर्ति की समूची व्यवस्था का कंप्यूटरीकरण करने के लिए एक बड़ा सॉफ्टवेयर तैयार करने का एक बार फिर मौका मिला। इससे पहले डीजल लोकोमोटिव के कल-पुरजों की आपूर्ति पूरी नहीं हो पा रही थी। हमने देखा कि समस्या का मूल कारण अधिक काम का बोझ है और हस्तचालित व्यवस्था के माध्यम से यह बोझ कम करना संभव नहीं है, इसलिए हमने कल-पुरजों की आपूर्ति प्रबंधन का संचालन कंप्यूटर की सहायता से करने का निर्णय लिया। वर्ड-स्टार (word-star) में विकसित किया गया एक साधारण सॉफ्टवेयर पैकेज, जो एक पुरानी 8,086 मशीन पर चल रहा था, पूरी व्यवस्था संचालित करने के लिए पर्याप्त सिद्ध हुआ। इस प्रकार एक ही वर्ष में कल-पुरजों की आपूर्ति सुचारु हो गई। इससे डीजल लोकोमोटिव इंजनों की गुणवत्ता और क्षमता में भी सुधार आया। इसमें कोई संदेह नहीं कि सूचना प्रौद्योगिकी हमारी कार्य-शैली और हमारी जीवन-शैली दोनों को बदल सकती है। अतः

सार्वजनिक क्षेत्र में काम करनेवाले लोगों का भी कंप्यूटर-साक्षर होना जरूरी है, ताकि वे कंप्यूटर की सहायता से अपनी कार्य-कुशलता और गुणवत्ता में सुधार ला सकें। लेकिन यहाँ एक बात जान लेना जरूरी है कि सूचना प्रौद्योगिकी स्वयं कुछ भी नहीं कर सकती। इसे कार्यान्वित करने के लिए ऐसे कुशल और निष्ठावान् व्यक्तियों की जरूरत होती है, जो कुछ कर दिखाने का जज्बा रखते हों।

स्वच्छता में ही देवत्व है

मैं अकसर सोचता हूँ कि किस प्रकार कॉरपोरेट मुख्यालय—खासकर सरकारी क्षेत्र के, जो सफाई या व्यवस्था जैसी बात पूरी तरह त्याग ही चुके हैं—अपने अधीनस्थ कार्यालयों को स्वच्छ और व्यवस्थित करने के लिए बड़े-बड़े वक्तव्य जारी करते रहते हैं। जहाँ तक मैं समझता हूँ, उनके इस प्रकार के वक्तव्यों या दावों की कोई अहमियत नहीं होती। सच पूछा जाए तो जिस कागज पर ये वक्तव्य जारी किए जाते हैं, वह कागज भी उन दावों से ज्यादा कीमती होता है। अब तक के अपने कैरियर में मैंने इसका अपवाद केवल दो स्थानों पर देखा—पहले रेल भवन में और फिर वल्लभ भवन में। ये दोनों ही सरकारी भवन गैर-सरकारी भवन का स्वरूप प्रस्तुत करते हैं, यहाँ का कार्य-परिवेश भी बिलकुल अलग दिखाई देता है। सचमुच, यहाँ एक कुशल व्यवस्था है। रेल भवन में पहुँचकर एक बार तो वास्तव में आश्चर्य होता है। यहाँ का कॉरिडोर (गलियारा), प्रसाधन-कक्ष और सार्वजनिक स्थल—सबकुछ भवन से बिलकुल अलग दिखाई देता है। यहाँ का अभिलेखागार भी बहुत सुंदर है। पचास साल पहले की कोई फाइल या दस्तावेज भी यहाँ आसानी से प्राप्त किया जा सकता है। परंतु ज्यादातर अनुभागीय कार्यालयों और अधिकारियों के चैंबरों (कक्षों) की स्थिति चौंकानेवाली है, क्योंकि सार्वजनिक स्थलों और व्यक्तिगत स्थलों में बहुत अंतर है। सचमुच, भवन को साफ-सुथरा और व्यवस्थित रखने के लिए रेल भवन के उच्चाधिकारियों की पीठ थपथपाई जानी चाहिए। 'पर्यावरण भवन'—जहाँ केंद्रीय पर्यावरण मंत्रालय है—की स्थिति भी मुझे अच्छी तरह याद है। अब तो स्थिति

सुधर गई है, लेकिन पहले उसकी स्थिति देखकर मैं सोचने के लिए विवश हो जाता था कि जो मंत्रालय अपना स्वयं का पर्यावरण शुद्ध नहीं रख सकता, वह देश का पर्यावरण कैसे शुद्ध रखेगा?

पर्यावरण की बात करें तो मानना पड़ेगा कि यह एक महत्त्वपूर्ण पहलू है, लेकिन हममें से ज्यादातर लोग ऐसे हैं जो इसके महत्त्व को नहीं समझ पाते। पर्यावरण के इस पहलू से मेरा सामना लगभग पचास वर्ष पूर्व उस समय हुआ था, जब मैं कलकत्ता में अपने परिवीक्षा काल के दौरान कलकत्ता मेट्रो स्टेशन की सीढ़ियों से नीचे उतरते समय गिरते-गिरते बचा था। सच, वह अनुभव मैं कभी नहीं भुला पाऊँगा। कलकत्ता के मैट्रो स्टेशनों पर जिस प्रकार का वातावरण और सफाई व्यवस्था दिखाई देती है, उसे देखकर कोई वहाँ थूकने की हिम्मत भी नहीं कर सकता; लेकिन मुश्किल से सौ कदम की दूरी पर सबकुछ बिलकुल अलग दिखाई देता है। कई अन्य स्थानों पर भी इसी तरह की सफाई व्यवस्था और सुंदर वातावरण देखने को मिला, जिससे मेरे मन में यह विश्वास और भी मजबूत हुआ कि साफ-सुथरे स्थान पर प्रायः कोई नहीं थूकता। पच्चीस वर्षों के अपने सेवाकाल में मैंने अपने कार्यालयों में सफाई का जो प्रभाव देखा, उससे मेरे इस विश्वास को भी बल मिला कि साफ-सुथरा और व्यवस्थित परिवेश व्यक्ति में सकारात्मकता लाता है, जो उसकी कार्य-कुशलता और क्षमता को कई गुना बढ़ा सकती है।

अतः कोई भी नया कार्यभार ग्रहण करने पर मैं सबसे पहले संबंधित कार्य-स्थल का परिवेश बदलने की कोशिश करता हूँ। अपने सभी कार्यालयों में मैंने ऐसा ही किया—रेलवे, पर्यटन मंत्रालय, भारतीय पर्यटन विकास निगम और राज्य पर्यटन विकास निगम। बैठने के स्थान (या कुरसी) की अच्छी तरह सफाई करना और उसके बाद कार्य परिवेश को सुंदर बनाना—यह पहले दिन का कार्य होता है। यह बात भी आश्चर्यजनक ही लगती है कि हम सरकारी बाबू गंदे या बेकार कागज इत्यादि कूड़ेदान में नहीं डालते, बल्कि मेज पर पड़े रहने देते हैं और इस प्रकार मेज को भी गंदा रखते हैं। यही कारण है कि हमारी मेजों पर फाइलों का ढेर लगा रहता है—मेज पर ही क्यों, अलमारियों में भी, और

उन्हें निपटाने में हमारी दिलचस्पी बिलकुल भी नहीं होती। सच, यही है हमारे सरकारी दफ्तरों की पहचान। फाइलें ही नहीं बल्कि गत्ते के पुराने डिब्बे, फाइलों के आवरण, धूल-मिट्टी आदि झाड़ने वाले कपड़े के टुकड़े और पुराने तथा टूटे-फूटे फर्नीचर भी इधर-उधर बिखरे मिल जाएँगे।

यहाँ कोई भी निष्कर्ष निकालने से पहले यह विश्लेषण कर लेना जरूरी है कि कोई व्यक्ति, जो अपने घर में खूब सफाई और व्यवस्था बनाए रखता है, वह अपने कार्य-स्थल पर जाकर सबकुछ भूल क्यों जाता है? क्या इसका कारण आलस्य है? या फिर वह अपने कार्य-स्थल पर सफाई रखना पसंद ही नहीं करता? या ज्यादा काम के कारण उसे सफाई का समय ही नहीं मिल पाता? या फिर उदासीनता इसका कारण है? मेरे खयाल से कारण उदासीनता ही है। लेकिन क्यों? दरअसल, हम अपनी गतिविधियों—जिसमें सफाई भी शामिल है—को अपने कार्य-संपादन से जोड़कर नहीं देख पाते। इससे हम अपने आस-पास के परिवेश के प्रति उदासीन ही बने रहते हैं। आज कार्यालय संबंधी कार्य एक बोझ की तरह हो गए हैं, जिसे ढोना मजबूरी समझा जाता है। 'कुछ भी कर लो, कोई फर्क नहीं पड़ता'—जी हाँ, नौकरशाही वर्ग की यह एक आम धारणा बन गई है। यदि हम अपने देश को उत्कर्ष की ओर ले जाना चाहते हैं तो इस धारणा को बदलने की जरूरत है।

—अश्विनी लोहानी

अनुक्रम

1

व्यवस्था का विश्लेषण करें

कहने की बात नहीं और इसमें कोई आश्चर्य भी नहीं है कि हम प्राय: प्रत्येक बात सहर्ष स्वीकार कर लेते हैं, शायद कुछ त्यागने या छोड़ देने की बात को छोड़कर। नियमों का एक वास्तविक स्वरूप होता है और इसलिए उन्हें तोड़ा नहीं जाना चाहिए। प्रक्रियाएँ प्राय: किसी आदर्श की तरह होती हैं, अत: किसी भी कीमत पर उन्हें छोड़ा नहीं जा सकता। व्यवस्था पर प्रश्न नहीं उठाया जा सकता, क्योंकि यह प्रश्न अथवा संदेह की सीमा से परे है। जी हाँ, हम भारतीय नौकरशाह, जिन्हें एक ब्रिटिश नाटककार ने मूढ़ों के समाज के रूप में वर्णित किया था, कभी न पूर्ण होनेवाली एक ऐसी व्यवस्था को पूर्ण बनाने में लगे हैं, जिसमें कोई कुछ भी छोड़ने के लिए तैयार नहीं है; बल्कि छोड़ देना तो जैसे पापकर्म समझा जाता है। कितने आश्चर्य की बात है कि हममें से अधिकतर लोग इस व्यवस्था को लेकर शिकायत करते ही रहते हैं, लेकिन इस पर कभी प्रश्न नहीं उठाते। क्यों ? शायद हमें यही अच्छा लगता है।

जी हाँ, हमें प्रश्न उठाने की आदत डालनी होगी। क्या यह विडंबना नहीं है कि जिस व्यवस्था के अंतर्गत हम अपना कार्य-व्यवहार संपन्न कर रहे हैं, उसमें किसी भी नियम, नीति अथवा प्रक्रिया को हर स्थिति में स्वीकार करना एक अनिवार्यता मानी जाती है और उसे छोड़ने की बात स्वीकार नहीं की जा सकती। क्या यह भी उतनी ही अजीब बात नहीं है कि ऐसी व्यवस्था को न छोड़ने की कीमत सदैव उन्हीं लोगों को चुकानी पड़ती है, जो स्वयं उपलब्धियाँ हासिल करते हैं ? ऐसे में न छोड़ने की हमारी प्रवृत्ति

हमारे लिए ही कष्टप्रद सिद्ध होती है, जैसा स्वतंत्रता-प्राप्ति के उदारीकरण की प्रक्रिया शुरू होने तक पिछले 50 वर्षों में हमारे साथ होता आया है।

जी हाँ, हरण अथवा अधिग्रहण नीति भी गलत थी, क्योंकि ऐसा लगता है कि इसमें चलते हीरों यानी सार्वजनिक क्षेत्र के लाभदायी निगमों का समीकरण कोयले के साथ कर दिया गया था। यह व्यवस्था इस तथ्य को स्वीकार नहीं कर सकी कि सरकार द्वारा संचालित संगठनों में भी, विशेषकर मुख्य कार्यकारी अधिकारी की उत्तरजीविता स्वामित्व के स्वरूप पर नहीं, बल्कि उसकी प्रबंधन शैली पर निर्भर होती है। परिणामस्वरूप हानि उठा रहे होटलों को उनके वास्तविक मूल्य से बहुत कम पर बेच दिया गया। यदि व्यवस्था पर प्रश्न उठाया जाता अनुपयुक्त नीतियों, प्रक्रियाओं को छोड़ने की प्रवृत्ति अपनाई जाती, तो यह नौबत नहीं आती। खैर, जो हो गया सो हो गया और एक सच्चा कर्मयोगी बात बिगड़ जाने के बाद उस पर पश्चात्ताप नहीं करता। अनेक व्यावसायिक उद्यमों के सफल मुख्य कार्यकारी अधिकारियों ने अपने कर्मचारियों से मुक्ति माँगकर अपनी प्रबंधन-शैली में परिवर्तन किया है। उन्हें सफलता भी मिली है। मूल बात यह है कि यदि आप किसी को छोड़ना चाहते हैं तो उससे स्वयं कहें।

आत्म-विश्लेषण करें, अपने भीतर झाँककर देखें, बस आपके मन से सारा भ्रम दूर हो जाएगा। प्राय: हम स्वयं को पूर्ण और समग्र मान बैठते हैं। हम अपनी सभी शुद्धियों-अशुद्धियों के संदर्भ में लोगों को विश्वास में लेना चाहते हैं। दूसरों की बातें सुनना और उनके दृष्टिकोण से चलना जैसे हमारे स्वभाव में ही नहीं होता। सचमुच, अपनी ही सोच, अपना ही दृष्टिकोण और अपना ही विश्वास मन में सँजोए आखिर में हम अपना पूरा जीवन गुजार देते हैं। जब उस सोच, दृष्टिकोण या विश्वास पर विचार करने की बात आती है तो हम दूसरे लोगों से यही अपेक्षा रखते हैं कि वे संबंधित विषय पर अलग दृष्टिकोण रखेंगे, जो हमारी अपनी सोच और दृष्टिकोण से मेल न खाता हो। इस प्रकार, यह एक सिलसिला बन जाता है और अपनी सोच या अपने दृष्टिकोण से चिपके रहने की हमारी प्रवृत्ति के चलते मसले सुलझने की बजाय उलझते ही जाते हैं; लेकिन कितनी अजीब बात है कि अपने अहं

भाव के कारण हम इस ओर ध्यान ही नहीं देते।

हमारी अहंवादी प्रवृत्ति ही संभवत: हमारी अनेक समस्याओं की जड़ है। आज हम अपने चारों ओर कई प्रकार की अहंवादी प्रवृत्ति देख सकते हैं और दिलचस्प बात यह है कि इस पर हलके प्रहार से भी यह एकदम भड़क उठती है। कोई अधीनस्थ हमारा अभिवादन करना भूल गया या कोई एकदम हँस पड़ा, बस हम—विशेषकर नौकरशाह—उसे अपने अहं पर प्रहार मानकर आपे से बाहर हो जाते हैं। एक दिलचस्प घटना है, जिसमें मध्य प्रदेश पर्यटन विकास निगम के पूर्व प्रबंध निदेशक ने एक ड्राइवर को निलंबित कर दिया था—किसी अनुशासनहीनता के कारण नहीं, बल्कि केवल इसलिए कि वह उनके पास से गुजरते समय हँस रहा था; जबकि वही प्रबंध निदेशक महोदय उस समय अपना सारा अहंभाव त्याग देते हैं, जब अपने वरिष्ठ अधिकारी अथवा राजनीतिक स्वामी के सामने दंडवत् होने लगते हैं और वह भी नियमित रूप से। इन परिस्थितियों में अहं के लचीलेपन को ही सबसे अच्छा माना जा सकता है। अपने सेवाकाल के दौरान इस तरह की स्थितियाँ नियमित रूप से देखते रहने के बाद अब मुझे यह समझकर हैरानी और चिंता होती है कि इस अहंवादी प्रवृत्ति के कारण कई अति महत्त्वपूर्ण मसले भी अनसुलझे पड़े रह जाते हैं। सोचकर मुझे हँसी आती है कि वरिष्ठ नौकरशाह प्राय: वरिष्ठता को—और वरीयता को भी—एक मसला बनाने से नहीं चूकते। यह बात भी हास्यास्पद ही है कि हम अपने अधीनस्थों के सामने तो अपने अहं पर चोट बरदाश्त नहीं कर पाते और स्वयं जिनके अधीनस्थ होते हैं, उनके सामने अपने अहं की बात भूल ही जाते हैं। किसी भी विषय या मुद्दे पर सहमति या असहमति का स्वस्थ और संतुलित आदान-प्रदान विकास और प्रगति के लिए बहुत जरूरी है; लेकिन इसमें भी कई बार अहंभाव ही आड़े आने लगता है। ऐसे में मूल विषय या मुद्दा तो पीछे छूट जाता है और दो पक्षों के अहं आमने-सामने आ जाते हैं।

तो क्या अहं-भावना रखना बिलकुल ही गलत है? जी नहीं, दरअसल तुच्छ या सतही अहंभाव रखना गलत है; लेकिन गंभीर और वजनी अहं (जिस स्वाभिमान का नाम दिया जाना चाहिए) भाव रखना अच्छा है, जिससे

किसी व्यक्ति, संगठन अथवा समाज का लाभ होता है। वैसे इस मामले में मैं दुर्भाग्यशाली रहा, क्योंकि अपने सेवाकाल के दौरान मैं जहाँ-जहाँ और जिन-जिन पदों पर तैनात हुआ, वहाँ मुझे महत्त्वपूर्ण मामलों में अहं के टकराव की स्थिति का सामना करना पड़ा—और यह टकराव भी मेरे अपने अधीनस्थों के अहं के साथ नहीं बल्कि अपने वरिष्ठों के अहं के साथ, जो रैंक में मुझसे कम-से-कम दो-दो स्तर ऊपर रहे थे। एक बार तो रेलवे के एक महाप्रबंधक, जो पद में स्पष्ट रूप से मुझसे वरिष्ठ थे, ने भी एक बैठक में मुझे डाँट दिया, जबकि सच पूछा जाए तो विभाग ने मेरे नेतृत्व में प्रशंसनीय प्रदर्शन किया था। दरअसल, यह उनका अहं था और वह स्वयं ऊँचे पद पर बैठने के बावजूद एक तुच्छ व्यक्ति थे, शायद यही कारण था उनके इस प्रकार के व्यवहार के पीछे। ऐसी ही एक और घटना है, जो भुलाने से भी नहीं भूलती। यह घटना विनिवेश मंत्रालय के साथ एक सैद्धांतिक असहमति से संबंधित है, जो मेरे लिए एक तरह से व्यक्तिगत मुद्दा बन गई थी और मैं भी यह भी कहना चाहूँगा कि इस मामले में मंत्रालय स्वयं गलती पर था। यद्यपि विनिवेश मंत्रालय भारतीय पर्यटन विकास निगम की संपत्तियों को बहाल किए जाने के खिलाफ था, जिसमें मैं स्वयं लगा हुआ था और मुझे सफलता भी मिल रही थी; लेकिन उसने इस संबंध में कोई लिखित आदेश निगम को नहीं दिए थे, जिसका पालन करना निगम की बाध्यता होती। ह्रास की स्थिति से जूझ रहे निगम के लिए राजस्व के नए स्रोत खोलने की नई रणनीति के बारे में माना जा रहा था कि उससे निगम को औने-पौने दाम पर बेचने की नौबत आ जाएगी। विनिवेश मंत्रालय की ओर से जो भी आपत्तियाँ या मामले उठाए गए थे, वे सब मौखिक रूप में ही थे। किसी भी आपत्ति या मामले के बारे में लिखित सूचना या निर्देश नहीं दिए गए थे।

नई दिल्ली स्थित अशोक होटल में नए रेस्त्राँ बनाने के मामले में भी कुछ ऐसी ही स्थिति देखने को मिली, जिसमें निगम को विनिवेश विभाग का कोपभाजन बनना पड़ा था। दरअसल, जिन स्थानों पर रेस्त्राँ बनाने की बात की जा रही थी, वे पहले खाली पड़े थे, उनका कोई उपयोग नहीं था। इस प्रकार, इन स्थानों पर रेस्त्राँ बनाने से निगम के लिए राजस्व के नए स्रोत खुल गए, जो आर्थिक

हानि की स्थिति से गुजर रहा था; लेकिन विनिवेश मंत्रालय चूँकि निगम को औने-पौने दाम पर बेचने की योजना बना चुका था, इसलिए ये प्रयास उसे नागवार गुजरे। इस नई रणनीति में विनिवेश मंत्रालय कोई दोष नहीं निकाल पा रहा था। अत: निगम अपनी बात पर दृढ़ हो गया, वह अनावश्यक और अनुचित दबाव के आगे बिलकुल भी नहीं झुका। हालाँकि निगम प्रबंधन ने आदर्श आचार-संहिता का उल्लंघन नहीं किया। उसने जो भी तर्क रखे, वे दृढ़ जरूर थे, लेकिन शिष्ट थे। निगम ने लिखित सरकारी आदेशों का कभी उल्लंघन नहीं किया; लेकिन जब भी कोई मौखिक आदेश उसे अनुचित लगा, उससे उस संबंध में लिखित आदेश माँगा। अंतत: मुझे निगम के अध्यक्ष एवं प्रबंध निदेशक के पद से हटाया जाना और बिना कारण बताए पर्यटन विभाग से निकाल दिया जाना—सबकुछ सामान्यतया यही संकेत दे रहा था कि निहित स्वार्थपरता की जीत हुई। लेकिन मैंने स्वयं को एक बार भी हारा हुआ नहीं माना, क्योंकि मैं सच्चाई पर था और उस पर रहने के लिए मैं कोई भी कीमत देने को तैयार था। विनिवेश मंत्रालय की जीत भौतिक थी और मेरी जीत आत्मिक-आध्यात्मिक थी। ऐसी बातें मेरे साथ अकसर हुआ करती हैं, लेकिन मैंने कभी अहंभाव नहीं पाला। कार्यक्षेत्र में अपने नेतृत्व में काम करनेवाले लोगों के ऊपर मैं लेखनी भले चला सकता हूँ, लेकिन अहं की लड़ाई कभी नहीं कर सकता। यदि इस अहंवाद को त्याग दिया जाए तो सचमुच देश का बहुत भला हो सकता है। किंतु दु:ख की बात यह है कि हमारे नौकरशाह और राजनेता (जो अपने तुच्छ अहं को बनाए रखने के लिए जीते-मरते हैं) भी यह बात कभी नहीं समझ सकते। व्यक्तिगत अहं को बचाए रखना जैसे उनके लिए सबसे ज्यादा जरूरी है, देश के हित-अनहित से भी ज्यादा।

दूसरी चिंताजनक बात आधिकारिक कार्य के प्रति लोगों के दृष्टिकोण से संबंधित है। व्यस्त रहने को लोग कार्य करना समझ लेते हैं। सचमुच, आज किसी व्यक्ति की कार्य-कुशलता इस आधार पर आँकी जाने लगी है कि वह व्यक्ति कितना व्यस्त रहता है। दफ्तर में देर तक बैठे रहना एक अच्छे अधिकारी की पहचान बन गया है। किसी अधिकारी की मेज पर पड़ी ढेर सारी लंबित फाइलें उस अधिकारी की कार्य के प्रति निष्ठा को

दरशाती हैं। और यदि अधिकारी फाइलों का बंडल बनाकर या उन्हें बैग में रखकर घर ले जाता है—भले ही वे फाइलें घर ले जाने के लिए ही क्यों न बनाई गई हों—तब तो घर में बैठी उसकी श्रीमती भी प्रभावित हुए बिना नहीं रह पातीं और फिर बड़े गर्व के साथ अपने पतिदेव का बखान अपनी मित्र-मंडली में करने लगती हैं। अगर कोई दफ्तर से जल्दी, या कहें कि दफ्तर के समय के ठीक बाद, घर वापस आ जाता है तो उसके बच्चे भी अपने पिता पर शर्म महसूस करने लगते हैं; क्योंकि उन्हें लगता है कि उनके पिता इतने नाकाबिल हैं कि उन्हें दफ्तर में देर तक रोकने की जरूरत ही नहीं समझी जाती। हमारे सहकर्मी, कनिष्ठ या वरिष्ठ ही नहीं बल्कि पूरा समाज ही किसी व्यक्ति की कार्य-कुशलता आँकते समय यही देखता है कि वह दफ्तर में कितना ज्यादा समय देता है और वहाँ वह काम में कितना व्यस्त दिखाई देता है।

दूसरी ओर, एक कार्यकुशल अधिकारी, जिसकी मेज पर कोई लंबित फाइल दिखाई नहीं देती, यानी जो अपने सारे काम समय पर निपटा लेता है, के बारे में यह मान लिया जाता है कि उसके पास कोई काम ही नहीं है, या फिर वह काम से जी चुराता है। जी हाँ, वह अपनी मेज पर पड़ी फाइलों के रूप में अपना काम समय पर निपटाते हुए उतने ही समय में और भी ज्यादा काम निपटा सकता है। वास्तविक कार्य-कुशलता या गुणवत्ता को तो हमारे यहाँ जैसे कोई महत्त्व ही नहीं दिया जाता। सचमुच, ऐसी ही है हमारी व्यवस्था और अब बात आती है हमारे अधिकारी वर्ग के रवैए की। यह बात भी कम चिंताजनक नहीं है। यहाँ यदि कोई सरल व्यवहार करता है या अकसर मुसकराता रहता है तो उसके बारे में यह मान लिया जाता है कि वह अपने काम के प्रति गंभीर नहीं है; जबकि आधुनिक प्रबंधन सिद्धांत इसके विपरीत है। भृकुटि हमेशा तनी रहे, चेहरे से ऐसा लगे जैसे दुनिया भर का बोझ उसके ही सिर पर आ गया है—शायद यही एक जिम्मेदार अधिकारी की पहचान है। इस प्रकार, जो वांछित व्यवहार प्रदर्शित नहीं करता, समझ लो कि वह काम से जी चुराने वाला है और जो काम को यथाशीघ्र निपटाने में विश्वास करता है, वह अति-महत्त्वाकांक्षा का शिकार है। कितनी हैरानी की

बात है कि जो महत्त्वाकांक्षा हमारी व्यवस्था के लिए इतना महत्त्व रखती है, उसे ही इतनी हेय दृष्टि से देखा जा रहा है! मैं तो सबसे पहले यही जरूरी मानता हूँ कि हमारे सभी अधिकारियों को अपनी सोच तथा रवैया बदलने का मौका दिया जाए और उन्हें काम को सचमुच निपटाने और व्यस्त रहने के बीच भेद करना सिखाया जाए; साथ ही यह भी सिखाया जाए कि काम को सच्चे अर्थों में निपटाते समय यदि कोई नियम, प्रक्रिया या स्वयं व्यवस्था ही आड़े आए तो उसे किस प्रकार रास्ते से हटाया जाए।

यहाँ मुझे जमालपुर जिमखाना में बिताए अपने दिनों की याद आती है, जहाँ मैं खाली समय में अपना पसंदीदा खेल बिलियड्‌र्स खेल लिया करता था। प्राय: रोज सुबह नौ बजे मैं आर.एस. विरदी के साथ बिलियड्‌र्स खेला करता था, जहाँ छात्रावास में रहनेवाले सभी विद्यार्थी उपस्थित रहते थे। बिलियड्‌र्स बहुत अच्छा खेल है और किसी कुशल खिलाड़ी को खेलते देखकर यह बड़ा आसान भी दिखाई देता है। आदरणीय माइकल फेरेरा (Michael Fereira) ने इसे जैसे एक कला ही बना लिया था। उन्हें खेलते देखकर ऐसा लगता था जैसे बिलियड्‌र्स बच्चों का खेल हो। लेकिन कोई नौसिखिया पहली बार खेलने लगे तो उसे समझ में आता है कि यह कितना मुश्किल खेल है और इसमें वह दक्षता हासिल करने के लिए—जो हमारे पेशेवर खिलाड़ियों ने हासिल की है—कितनी मेहनत की जरूरत है। बिलकुल यही बात टेनिस या अन्य किसी भी खेल के साथ है। उत्कृष्टता वर्षों की कड़ी मेहनत और लगन से आती है। यहाँ मैं कहना यह चाहता हूँ कि उत्कृष्ट प्रदर्शन देखने में आसान जरूर लगता है, लेकिन ऐसा होता नहीं है—बात चाहे खेल की हो या काम की। कार्यक्षेत्र में भी कुशलता और उत्कृष्टता वर्षों की कड़ी मेहनत व लगन के बाद आती है; लेकिन एक अनाड़ी या नवप्रशिक्षु व्यक्ति के लिए वह बहुत आसान दिखाई देती है।

□

2

निवारण या निपटारा ही मुख्य मुद्दा है

अकसर मेरा ध्यान अपने देश में व्याप्त गरीबी, निम्न क्रय-शक्ति, ढाँचागत कमजोरी एवं अव्यवस्था की ओर जाता है और साथ ही यह भी देखता हूँ कि किस तरह हमारे देश में लोग छोटे-छोटे मामलों में उलझे रहते हैं, जिसे पश्चिमी लोग दकियानूसी के रूप में देखते हैं। मैं जानता हूँ कि इन सब समस्याओं का कारण हमारी अक्षमता है। हम मसलों को समय पर निपटाने में सक्षम ही नहीं हैं। सचमुच, स्थिति बड़ी चिंताजनक है। मैं तो ईश्वर से प्रार्थना करता हूँ कि वह हम भारतीयों को चेतना प्रदान करे, ताकि हम काम को निपटाने के महत्त्व को समझ सकें—व्यक्तिगत, सामाजिक और राष्ट्रीय सभी स्तरों पर। यह भी सच है कि ऐसा होने पर ही हम आगे बढ़ सकते हैं। राजनेताओं और नौकरशाहों की बड़ी-बड़ी बातें हमें कुछ देनेवाली नहीं हैं। बिना किसी निश्चित और उपयुक्त कार्य-योजना अथवा रणनीति के हम जो 'अभिदृष्टि' की बात करते रहते हैं, वह महज एक कागजी योजना ही बनकर रह जाएगी।

विकसित देशों की अपनी यात्रा में पहली यात्रा मैंने सन् 1991 में जर्मनी की की थी, जहाँ मुझे काम को निपटाने की वास्तविक कला देखने को मिली थी। जर्मनी की लोकोमोटिव कार्यशालाओं, जिनकी उत्पादन-क्षमता

हमारी कार्यशालाओं की उत्पादन-क्षमता से 50 गुना ज्यादा है, की कार्यप्रणाली को देखने के बाद मैं अच्छी तरह समझ गया कि एक औसत जर्मन की क्रय-शक्ति हम भारतीयों की क्रय-शक्ति से इतनी ज्यादा क्यों है। पचास गुनी उत्पादन क्षमता का रहस्य भी केवल प्रौद्योगिकी ही नहीं है। म्यूनिख (Munich) स्थित क्राउस मैफी (Crauss Mafie) लोकोमोटिव कारखाने की कार्य-प्रणाली देखकर मेरी आँखें खुल गईं। उनका संयंत्र भी उतना ही आधुनिक था जितना हमारा है और प्रौद्योगिकी के मामले में यदि अंतर था तो वह भी नाममात्र का; लेकिन वहाँ काम को निपटाने पर जोर दिया जाता है। संयंत्र का मुख्य कार्यकारी अधिकारी हमें संयंत्र के अंदर ले गया और अलग-अलग मशीनें चलानेवाले तथा अलग-अलग विभाग सँभालनेवाले अपने कर्मचारियों से हमारा परिचय करवाया। भारतीय स्थिति के संदर्भ में वहाँ सबकुछ बिलकुल अलग लग रहा था। हमारे यहाँ के मुख्य कार्यकारी अधिकारी सफलता का श्रेय स्वयं लेने के लिए बेताब रहते हैं और गलती या असफलता की बात आने पर तुरंत अपने कनिष्ठों को जिम्मेदार ठहरा देते हैं। हम वरिष्ठ अधिकारियों से मिले, जिनके पास पर्याप्त समय था, क्योंकि वे काम को निपटाने में विश्वास करते हैं और उनकी व्यवस्था भी कुछ ऐसी ही है—भारत की तरह नहीं, जहाँ हम व्यस्त तो इतना रहते हैं कि हमारे पास समय ही नहीं होता, लेकिन वास्तव में काम निपटता नहीं है।

कार्यशाला का औपचारिक भ्रमण करने के बाद अब समय था विचारों के आदान-प्रदान का, जिसके लिए हमें बोर्ड कक्ष में ले जाया गया। पहले उनकी बारी थी। भारत में आपका कारखाना प्रतिवर्ष कितने लोकोमोटिव तैयार करता है? उनकी ओर से पूछा गया। 150—हमने बड़े गर्व के साथ बताया। अब तक आप कितने लोकोमोटिव तैयार कर चुके हैं? लगभग 3,000—इस बार भी पूरे गर्व के साथ हमने बताया था। अब पूछने की बारी हमारी थी; लेकिन अपने प्रश्नों के हमें जो उत्तर मिले, वे चौंकानेवाले थे। जी हाँ, उन लोगों ने हमें बताया कि हालाँकि इस समय हमारा उत्पाद स्तर थोड़ा निम्न है, लेकिन वर्ष 1944 के दौरान, जब द्वितीय विश्वयुद्ध अपने चरम पर

था, हम प्रतिदिन 100 लोकोमोटिव इंजन बनाया करते थे। उन्होंने बताया कि उनका म्यूनिख स्थित संयंत्र उस समय तक कुल 2,50,000 लोकोमोटिव इंजन तैयार कर चुका था। जी हाँ, जर्मनी प्रतिदिन इतनी संख्या में लोकोमोटिव तैयार करता है कि मित्र देशों की सेनाएँ उन्हें नष्ट नहीं कर सकती थीं। जर्मनी की शक्तिशाली युद्ध-मशीन उच्च उत्पादन स्तरवाले जर्मन उद्योगों के बल पर ही चल रही थी। सचमुच, इतना उच्च उत्पादन-स्तर किसी भी देश को शर्मसार कर सकता था। सबकुछ जानने के बाद मेरी सोच ही बदल गई। जर्मनी का उच्च उत्पादन स्तर ही उसे इतना आगे पहुँचा सका है। बड़े-बड़े दावे भर करते रहने से देश आगे नहीं बढ़ सकता। हाँ, इससे चुनाव जरूर जीते जा सकते हैं।

पश्चिम के विकसित देशों में हम मात्र दो व्यक्तियों को ही अपने यहाँ की एक पूरी बटालियन जितना काम करते देख सकते हैं। कारण साफ है—वे काम को निपटाने पर जोर देते हैं और हम बस व्यस्त रहना जानते हैं। बाद में इंग्लैंड में वेल्स, जिसे ग्लोबल स्टीम हेरिटेज टूरिज्म का मक्का कहा जाता है, की अपनी यात्राओं के दौरान एक बार फिर मुझे वैसी ही मानवीय संभाव्यता को देखने का मौका मिला; हालाँकि यह संभाव्यता हम सभी मनुष्यों के पास होती है, बशर्ते उसे उत्पादक कार्य में प्रयोग किया जाए। फेस्टिनिओग रेलवे (Festiniog Railway) का बोस्टन लॉज लोकोमोटिव कारखाना इतना छोटा है कि हम शायद कल्पना भी नहीं कर सकते कि उसमें लोकोमोटिव इंजनों और डिब्बों की नियमित मरम्मत के अतिरिक्त कोई और काम हो सकता है। सचमुच, यह कारखाना आकार में इस प्रकार के उद्देश्य से स्थापित किए गए किसी भी भारतीय कारखाने का लगभग पाँचवाँ हिस्सा है, और इसमें काम करनेवाले लोगों की कुल संख्या मात्र 14 के लगभग है, जो किसी भारतीय कारखाने में काम करनेवाले कुल लोगों की संख्या के सौवें हिस्से से भी कम है; लेकिन यहाँ लोकोमोटिव इंजनों और डिब्बों के रख-रखाव से लेकर निर्माण तक सारा काम होता है। कारखाने के एक हिस्से में दो लोग बैठे एक भाप लोकोमोटिव बनाते हुए दिखाई दे रहे थे।

दूसरा दौरा, जिसने मुझे अत्यधिक प्रभावित किया, विश्वस्तरीय कंपनी जनरल मोटर्स के शिकागो संयंत्र का था। यह संयंत्र भारतीय रेलवे के वाराणसी संयंत्र से थोड़ा सा ही बड़ा होगा; लेकिन यहाँ प्रतिवर्ष 600 लोकोमोटिव तैयार किए जाते थे और वह भी मात्र 1,200 लोगों की श्रमशक्ति द्वारा; यानी प्रति 2 व्यक्ति प्रतिवर्ष 1-1 लोकोमोटिव, जबकि वाराणसी संयंत्र में यह अनुपात 60 व्यक्ति प्रतिवर्ष 1 लोकोमोटिव है। ऐसा भी नहीं है कि प्रौद्योगिकी में भी बहुत ज्यादा अंतर था। सचमुच, यह सबकुछ नेतृत्व की कुशलता का ही चमत्कार था। इस संयंत्रों के मुख्य कार्यकारी अधिकारी दैनिक या सामान्य गतिविधियों में स्वयं को उलझाकर नहीं रखते थे। उनके पास पर्याप्त समय था और वे किसी प्रकार के अनुत्पादक कार्य में व्यस्त नहीं रहते थे। इसके विपरीत, भारत में हम अपने आगंतुकों को एक आफत के रूप में देखते हैं, जो हमारा अति कीमती समय नष्ट करते हैं। इन विकसित देशों में एक औसत नागरिक की क्रय-शक्ति हमारी औसत क्रय-शक्ति की अपेक्षा कई गुना ज्यादा होने का कारण यही है कि इन देशों में काम को निपटाने और मसलों के निवारण पर ही पूरा बल दिया जाता है। यहाँ प्रत्येक कार्यकर्ता अपने काम के आठ घंटों में पूरे जोश व लगन के साथ काम करता है और इस दौरान वह काम को निपटाता भी है, न कि सिर्फ व्यस्त दिखाई देता है। यहाँ मूल बात है काम को निपटाना; और हम व्यक्तिगत, सामाजिक या राष्ट्रीय स्तर पर जितनी जल्दी यह बात समझ लें उतना ही अच्छा है। कोई समाज जो कुछ उत्पादित करता है और जितना उत्पादित करता है, वही उस समाज के प्रत्येक व्यक्ति को प्राप्त होता है। यदि हम एक नीबू का उत्पादन करते हैं तो हमें एक नीबू ही मिलेगा। इन विदेश यात्राओं से मुझे सकल घरेलू उत्पाद का अर्थ और महत्त्व बेहतर ढंग से समझ में आ गया और मैं यह भी समझ गया कि सकल घरेलू उत्पाद पर ही हमारी क्रय-शक्ति निर्भर करती है।

सरकारी कार्यालयों, चाहे वह मंत्रालयों की बात हो अथवा अन्य विभिन्न विभागों के कार्यालयों की, में हमें ऐसे बाबुओं की भरमार दिखाई

देती है, जो नीचे से ऊपर तक फाइलों में डूबे रहते हैं और दूसरी ओर विभिन्न मामलों पर चर्चा करने या विदेश यात्रा से संबंधित चर्चाओं में व्यस्त दिखाई देते हैं; या फिर बैठकों, सम्मेलनों आदि में व्यस्त रहते हैं, जो फाइलों को कभी ऊपर तो कभी नीचे और कभी बाएँ तो कभी दाएँ करते दिखाई देते हैं; लेकिन काम ज्यों-का-त्यों पड़ा रहता है। ऐसा क्यों है ? पूरी सरकारी व्यवस्था ही कुछ इस प्रकार जटिल हो गई है कि एक सामान्य सा काम भी जैसे एक परियोजना बन जाता है। बिलकुल सामान्य और एक अस्थायी निर्णय के लिए भी फाइल बनानी पड़ती है और फिर शुरू होता है प्रक्रिया तथा निर्णय-निर्धारण की एक सामूहिक, किंतु परिणाम-रहित तमाशा, जिसमें हर कोई अपनी-अपनी भूमिका अदा करता है, लेकिन जिम्मेदारी लेनेवाला मुश्किल से ही कोई सामने आता है। सामूहिक उत्तरदायित्व की बात मैं कभी भी नहीं समझ सका। सचमुच, सामूहिक उत्तरदायित्व की इस खींचतान की प्रवृत्ति ने देश को ऐसी स्थिति पर पहुँचा दिया है, जहाँ किसी के पास कुछ करने का अधिकार नहीं रह गया; हर किसी के पास एक ही शक्ति है और वह भी नकारात्मक, यानी अवरोध खड़ा करने की। लोकप्रिय सांसद पीलू मोदी (Piloo Mody) ने संसद् में एक बार तत्कालीन प्रधानमंत्री श्रीमती इंदिरा गांधी से पूछा था, ''महोदया!, ऐसा क्यों है कि हर भारतीय स्वयं के अतिरिक्त किसी अन्य की सरकार के अधीन अपेक्षाकृत काफी ज्यादा काम करने में सक्षम होता है ?'' बात अटपटी जरूर लगती है, लेकिन सच है। जी हाँ, भारतीय सिलिकॉन वैली में तो अच्छी कार्य-कुशलता दिखाते हैं, जहाँ किसी व्यक्ति का मूल्यांकन उसकी कार्यक्षमता के आधार पर किया जाता है और भारत में आने पर वही व्यक्ति असफल हो जाता है, यानी अपनी कार्यक्षमता ही खो बैठता है; क्योंकि यहाँ न तो कोई निश्चित व निष्पक्ष नियम होते हैं और न ही उसे कार्य के प्रति पर्याप्त इच्छाशक्ति से भरा वातावरण ही मिल पाता है, जो उसे अच्छा प्रदर्शन करने के लिए प्रोत्साहित करे। लेकिन अच्छा कार्य-प्रदर्शन तो हमें करना ही चाहिए और उसमें हमें व्यवस्था से संबंधित प्रतिकूलताओं को बाधक नहीं बनने देना चाहिए। असंतुष्ट नागरिकों को

लेकर यह देश आगे नहीं बढ़ सकता; किंतु सच्चाई यही है कि हमारी सरकारी व्यवस्था में व्याप्त जटिलता के चलते यह माना जाने लगा है कि कुछ खास और श्रेष्ठ लोग ही काम कर सकते हैं; एक औसत दर्जे का आदमी तो बस व्यस्त रह सकता है, जिसका उलटा रूप हमने पश्चिम के विकसित देशों में देखा, जहाँ एक औसत दर्जे का व्यक्ति भी अच्छा कार्य-प्रदर्शन करता है और वह भी काफी उच्च स्तर का। अपनी ज्येष्ठ पुत्री अंकुर को मैं बार-बार बताता हूँ कि वह एक ऐसे समाज में रह रही है, जिसमें वास्तविक नायक या श्रेष्ठ व्यक्ति बहुत कम ही हैं। उसे मैं यह भी बताता हूँ कि यदि वह भी अपने कार्य के रास्ते में आनेवाली गंभीर चुनौतियों, बाधाओं के बावजूद अपने रास्ते पर निडर और अडिग होकर चलती रही तो अंतत: वह या तो विजयी होगी या फिर शहीद हो जाएगी; लेकिन दोनों ही स्थितियों में अपनी अमिट छाप छोड़ जाएगी।

देश के एकमात्र रेल संग्रहालय में काफी लंबे समय तक निदेशक के रूप में कार्य करने के बाद मुझे प्राय: रोज भारतीय रेलवे के इतिहास का गहन अध्ययन करने का मौका मिला। ऐसे मौकों पर हमेशा ही बहस छिड़ जाया करती थी, जिसमें अतीत की उपलब्धियों की तुलना वर्तमान की उपलब्धियों से की जाती थी और अंतत: परिणाम के रूप में निराशा एवं हताशा हाथ आती थी। एक छोटे से तथ्य पर विचार करें—भारत में रेल लाइन की शुरुआत सन् 1853 में हुई थी और 1862 तक हावड़ा तथा दिल्ली के बीच रेल सेवा शुरू हो चुकी थी। बाद में स्वर्णिम चतुर्भुज योजना के अंतर्गत सन् 1880 तक दिल्ली, मद्रास, बंबई तथा कलकत्ता—चारों महानगरों को रेल सेवा द्वारा जोड़ दिया गया। क्या आज की परिस्थितियों में भी हम निर्माण की इतनी तीव्र गति की बात सोच सकते हैं ? उत्तर नकारात्मक ही हो सकता है। शारीरिक कार्य की क्या बात करें, उसकी तो हम कल्पना भी नहीं कर सकते; बल्कि मैं तो कहूँगा कि आज की परिस्थितियों में इस प्रकार का निर्णय ही नहीं ले सकते, क्योंकि कार्यान्वयन की प्रक्रिया की तरह ही हमारे निर्णय-निर्धारण की प्रक्रिया भी एक मकड़जाल बन चुकी है। मैं विश्वास के

साथ कह सकता हूँ कि आज हम ऐसी स्थिति में पहुँच गए हैं, जहाँ छोटी सी रेल लाइन बिछाने या प्रसाधन खंड तैयार करने को भी एक उपलब्धि माना लाने लगा है और हमारे मंत्रिगण उसे राष्ट्र को समर्पित करने में गर्व का अनुभव करते हैं। यह तो हमारी अमरता प्राप्त करने की इच्छा जैसी ही बात हुई। ब्रिटिश शासनकाल में हिल स्टेशनों को मैदानों से जोड़नेवाली पाँच रेल लाइनें बिछाई गई थीं; लेकिन स्मारक-पट्टी पर केवल संबंधित अभियंताओं और यातायात प्रबंधकों के ही नाम उल्लिखित किए गए थे। लेकिन आज छोटी-से-छोटी परियोजना पूर्ण होने पर भी एक नहीं, दो-दो स्मारक पट्टियाँ बनाई जाती हैं—एक आधारशिला समारोह के अवसर पर और दूसरी उद्घाटन समारोह पर, जिसमें संबंधित विभाग के उच्च और प्रभावशाली पदाधिकारी के नाम का उल्लेख किया जाता है, भले ही उस परियोजना में उसकी कोई भूमिका न हो; तो आखिर उस पदाधिकारी को यह श्रेय किसलिए? सिर्फ इसलिए कि वह संयोग से संबंधित विभाग का उच्चाधिकारी होता है? क्यों हम उपर्युक्त चार रेल लाइनों की निर्माण परियोजना की बराबरी करनेवाली कोई एक परियोजना बता सकते हैं, जो स्वतंत्रता-प्राप्ति के बाद पूर्ण हुई हो? नहीं, शायद मैं गलत बोल रहा हूँ। हम ऐसी एक नहीं बल्कि चार-चार परियोजना गिना सकते हैं—पूर्वी तटीय रेलवे पर कोट्टावलसा-किरंडुल लाइन (Kottavalsa-Kirandul Line), कोंकण रेलवे, दिल्ली मेट्रो और असम रेल लाइन; किंतु ये उपलब्धियाँ भारतीय रेल व्यवस्था की नहीं थीं, बल्कि ये कुछ खास व्यक्तियों की उपलब्धियाँ हैं—और ये खास व्यक्ति रेलवे की बजाय कहीं और भी होते तो भी जरूर हासिल करते। इन खास व्यक्तियों में पद्मश्री ई. श्रीधरन का नाम भी आता है। अभी थोड़े ही दिन पहले की बात है, मैंने अपने एक मित्र सतीश, जो रेलवे में एक कुशल सिविल इंजीनियर हैं, से इस बारे में पूछा था। उनका कहना था कि ऐसा नहीं है कि आज हम पहले की अपेक्षा कम योग्य या कम कुशल हो गए हैं। आज भी हमारे पास ऐसे अधिकारी हैं, जिनकी तुलना विकसित देशों के या अतीत में हमारे ही देश में हुए सबसे अच्छे अधिकारियों के साथ की जा सकती है। यह भी सच

बात है कि कोई भी परियोजना, चाहे वह जितनी बड़ी हो, अधिकतम दो वर्ष की अवधि में पूर्ण की जा सकती है। सचमुच, यदि हमें वर्तमान व्यवस्था में व्याप्त जटिलताओं से न उलझना पड़े और हमें कार्य करने की पूर्ण स्वतंत्रता मिले तो हम रेलवे के शुरुआती निर्माणकर्ताओं की बराबरी कर सकते हैं। लेकिन दुर्भाग्य! वर्तमान व्यवस्था फाइलें तैयार करने और उसके आधार पर अपनी प्रक्रिया जारी रखने, या कहें कि उसमें उलझे रहने, को सर्वाधिक महत्त्वपूर्ण मानती है, अंततः उसका परिणाम चाहे शून्य ही क्यों न हो।

मैं अकसर सोचने पर विवश हो जाता हूँ कि क्या मैं सचमुच मूर्ख हूँ, जैसा मेरे शुभचिंतक मुझे समझते हैं? जमालपुर से संभवतः सबसे कम उम्र का रेलवे अभियंता होने के नाते मैं अपनी उम्र के आधार पर ही रेलवे बोर्ड के सर्वोच्च स्तर तक पहुँच सकता हूँ, कुछ नहीं करना—बस मैं स्वयं कोई निर्णय न लूँ और जहाँ भी मुझे तैनात किया जाए, वहाँ चुपचाप किसी को परेशान किए बिना पहुँच जाऊँ। या शायद, सबसे अच्छा रास्ता तो यही होगा कि अपने काबिल सहकर्मियों की तरह मैं भी बस व्यस्त दिखाई देना शुरू कर दूँ और काम को निपटाने की अपनी आदत को छोड़ दूँ। लेकिन शायद मैं स्वभाव से ही मूर्ख हूँ; मुझे काम करने और महत्त्वपूर्ण निर्णय लेने तथा साथ ही जोखिम लेने की आदत जो है। पर्यटन विभाग के मेरे एक वरिष्ठ अधिकारी ने मेरे सहकर्मी-निदेशक को एक बार सलाह दी थी कि वह मुझसे दूर रहा करें, क्योंकि जैसा उनका मानना था कि मैं आग से खेलता हूँ और ऐसे में मेरे साथ रहना खतरे से खाली नहीं है। लेकिन मैं तो ऐसे ही बना रहना पसंद करूँगा—बेजान कठपुतली की तरह इशारों पर नाचते हुए पूरा जीवन व्यतीत कर देने की बजाय दैनिक सफलताओं का आनंद लेते हुए।

सरकारी कार्यालयों में ऐसे कारणों की भरमार है, जो साफ-साफ संकेत करते हैं कि हम काम क्यों न करें। नियमों और प्रक्रियाओं की तो कमी ही नहीं है, बल्कि कहें कि यदि कुछ है तो बस नियम और प्रक्रियाएँ हैं। इसी तरह अधिकारियों और प्राधिकारियों की भी भरमार है—एक से बढ़कर एक पदवी एवं ओहदेवाले और साथ ही एक-दूसरे से ज्यादा अहंभाव से

युक्त तथा हर अधिकारी-प्राधिकारी स्वयं को दूसरे से किसी मायने में कम नहीं समझता। इतना ही नहीं, वह अधिकारी-प्राधिकारी हर काम में बढ़-चढ़कर अपनी उपस्थिति दर्ज कराता है, बस एक काम छोड़कर और वह एक काम है काम को निपटाना। जी हाँ, ऐसे बाबुओं से आप जरूर मिले होंगे या उनके बारे में सुना होगा, जो रूस में खाद्यान्न उत्पादन के निम्न स्तर पर तो चिंता प्रकट करते हैं, लेकिन अपने स्वयं के संगठन या विभाग की निम्न उत्पादकता से उनका कोई लेना-देना नहीं होता। एक चम्मच को खरीदने का निर्णय लेने के लिए बड़ी-बड़ी फाइलें तैयार की जाएँगी, ढेर सारे पत्र जारी किए जाएँगे, उस पर विचार-विमर्श के लिए समितियाँ गठित की जाएँगी, संबंधित विभागों-संगठनों को संतुष्ट करना होगा, एसोसिएट वित्तीय कंपनी को विश्वास में लेना होगा, उच्च स्तरीय अहंभाव से युक्त कार्यकारी अधिकारियों को सहमत करना होगा, समय-समय पर बैठकें आयोजित की जाएँगी और अंत में···। और हाँ, यदि कोई इस शाश्वत प्रक्रिया को शीघ्र पूर्ण करने की कोशिश करता है तो माना यही जाएगा कि जरूर वह किसी निष्ठित स्वार्थ के चलते ऐसा कर रहा है। ऐसे एक नहीं, कई मामले देखने को मिले हैं, जिनमें निर्णय-निर्धारण की प्रक्रिया शीघ्र निपटा लेने के पीछे संबंधित अधिकारी का निहित स्वार्थ मानकर उसके खिलाफ सतर्कता मामला तैयार किया गया है। दुर्भाग्य ही है कि हम व्यक्तिगत, सामाजिक या राष्ट्रीय स्तर पर स्वयं यह मानने को तैयार नहीं कि शीघ्रता या सक्रियता का उद्देश्य काम को निपटाना भी हो सकता है; हम तो बस यही मानकर चलते हैं कि यदि कोई अधिक शीघ्रता या सक्रियता दिखा रहा है तो जरूर उसमें उसका कोई निहित स्वार्थ होगा। यदि हम मंथर गति से काम कर रहे हैं तो (समझो) हम काम में रुचि नहीं ले रहे हैं और यदि तेजी से काम करते हैं तो उसमें हमारा कोई-न-कोई स्वार्थ जरूर निहित है! और हाँ, यदि लोगों की नाराजगी के बावजूद हम काम को निपटाने के अपने लक्ष्य में लगे रहते हैं तो जरूर कोई-न-कोई अनहोनी सामने आएगी—मौके पर नहीं तो बाद में ही सही। और यदि यह अनहोनी बाद में भी नहीं दिखाई देती तो जरूर इसमें

कोई बड़ा रहस्य छिपा हुआ है, जो दिखाई नहीं दे रहा है। साथी-सहकर्मी कहते हुए मिल जाएँगे—वह अति महत्त्वाकांक्षी है; वह लोगों में अपनी पैठ बनाना चाहता है; जहाँ सफलता मिलनी होती है वहाँ वह जरूर पहुँच जाता है; वह सबकुछ अपने पक्ष में करना चाहता है। जब सतर्कता समिति अकेली उस निहित स्वार्थ या रहस्य का पता नहीं लगा पाती तो शेष काम के लिए ऑडिट (अर्थात् लेखा-परीक्षण) की व्यवस्था की जाती है। मूल वास्तविकताओं से पूरी तरह अनभिज्ञ, लेकिन पश्च दृष्टि की वैज्ञानिकता में पूर्ण आस्था रखनेवाले लेखा-परीक्षक एक-एक फाइल की जाँच करते हैं और वह भी बड़े व्यवस्थित तरीके से, ताकि स्थापित नियमों-निर्देशों से संबंधित छोटी-से-छोटी भूल का पता लगाया जा सके। एक-एक निर्णय पर प्रश्न उठाया जाता है और इसी तरह, एक-एक काररवाई में दोष ढूँढ़ा जाता है और अंत में गलतियों की एक विस्तृत सूची तैयार कर ली जाती है। अगला तरह-तरह के बेहूदे सवालों का जवाब देता रहता है। और ध्यान देने योग्य बात यह है कि सतर्कता अथवा लेखा विभाग अपर्याप्त कार्य-प्रदर्शन करने के लिए या बिलकुल ही काम न करने के लिए किसी को भी दोषी नहीं ठहराता।

मैं विश्वास के साथ कह सकता हूँ कि काम को निपटाने में रुचि रखनेवाले कोई भी अधिकारी-प्राधिकारी को सतर्कता और लेखा के दोहरे जाल से नहीं बचा सकता। देश का क्या होगा, इसकी चिंता किसी को भी नहीं है। यह अभागा देश आगे कैसे बढ़ेगा? आज की स्थितियों को देखकर मुझे इस प्रश्न का कोई उत्तर नहीं सूझ रहा है। जुलाई 2001 में जब तत्कालीन पर्यटन एवं संस्कृति मंत्री अनंत कुमार ने मुझे भारतीय पर्यटन विकास निगम के प्रमुख के रूप में नियुक्त किया तो मुझे लगा कि जैसे मेरा सपना साकार होकर मेरे सामने आ गया है। अब कार्य करने के मेरे स्वाभाविक प्रयोग को प्रोत्साहन मिलने वाला है। पर्यटन एवं संस्कृति मंत्री ने मुझे एक स्पष्ट उद्देश्य से निगम का अध्यक्ष एवं प्रबंध निदेशक बनाया था—निगम को घाटे की स्थिति से बाहर निकालने के लिए। इस पद पर मेरी नियुक्ति के बाद एक माह तक अनंत कुमार ने मुझसे बात नहीं की। मुझे लगा कि मंत्री महोदय मेरी

उपेक्षा कर रहे हैं, जरूर कोई बड़ी समस्या होगी। यही सोचकर मैंने उनसे इस उदासीनता का कारण पूछा। उत्तर में उन्होंने जो कुछ कहा, उससे सारी बात साफ हो गई—"मैंने आपको अपना निगम चलाने के लिए स्वतंत्र छोड़ दिया है। क्या आप इससे खुश नहीं हैं ?" जी हाँ, मेरे प्रश्न का उत्तर देने की बजाय उन्होंने स्वयं ही सवाल रख दिया। खैर, जिस समय मैंने निगम की कमान सँभाली, उस समय उसकी आर्थिक स्थिति इतनी खराब थी कि कर्मचारियों को वेतन देने के लिए भी पर्याप्त पैसा नहीं था। निगम के मुख्यालय में एक ऐसा नौकरशाही तंत्र सक्रिय था, जो नव-प्रवर्तन के छोटे-से-छोटे प्रयास को भी दबा देने के लिए तैयार रहता था। सचमुच, वहाँ पर एक नकारात्मक माहौल तैयार हो गया था, जो समस्या की गंभीरता को और भी बढ़ा रहा था। इतना ही नहीं, एक सतर्कता तंत्र भी तैयार किया गया था, जिसका प्रयोग मुख्य रूप से ऋण चुकाने में किया जा रहा था। इस प्रकार के तंत्र में परंपरागत पद्धति से काम कर पाना प्रायः असंभव ही था। लेकिन कार्यों को निपटाना भी जरूरी था, क्योंकि ऐसा न करने पर निगम के डूबने की आशंका थी। अतः बाध्यताओं से बाहर निकलने का जोखिम उठाने के अलावा कोई और रास्ता नहीं था और पूरे कार्यकाल के लिए मेरी यही कार्यशैली बन गई। मैंने निगम को एक वर्ष में ही आर्थिक हानि की स्थिति से बाहर निकालने के अपने इरादे की घोषणा कर दी। हालाँकि इस प्रकार की खुली घोषणा जोखिमपूर्ण थी, लेकिन मैं स्वयं को रोक नहीं सका। जी हाँ, मैंने काम करके दिखाया—यह अलग बात है कि उसकी मुझे भारी कीमत चुकानी पड़ी। वैसे मेरे पास यह कहने का मौका नहीं है कि मुझे पूर्व-चेतावनी नहीं दी गई थी। नौकरशाही तंत्र में मेरे कई शुभचिंतकों ने मुझे सचेत किया कि सरकारी विभाग में इतनी ज्यादा सक्रियता ठीक नहीं है। उन्होंने मुझे मेरे खिलाफ सक्रिय कुछ ताकतों की ओर से भी सचेत किया था। आखिर कलियुग है न! यहाँ, जैसा लोग कहते हैं, अपने अच्छे कर्मों की कीमत सभी को चुकानी पड़ती है और वह भी इसी जन्म में। हाँ, बुरे कर्मों की कीमत भले न चुकानी पड़े।

12 नवंबर, 2001 को अपने सहयोगियों की एक बड़ी भीड़ के साथ—ऐसे सहयोगियों की भीड़, जो प्राय: सभी अध्यक्षों के पास रहती है—मैंने नई दिल्ली अंतरराष्ट्रीय हवाई अड्डे का दौरा किया। हवाई अड्डे पर निगम ने अपनी कई दुकानें और रेस्त्राँ खोल रखे थे। लेकिन व्यवसायी वर्ग के यात्रियों के लिए वहाँ एक भी लॉज नहीं था, जैसा आई.टी.सी., एयर इंडिया और द ताज में है। यह बात मुझे काफी अखरी और इस संदर्भ में मैंने अपने इंजीनियरिंग और होटल प्रमुखों से जवाब तलब किया। उत्तर में मुझे बताया गया कि यहाँ एक लॉज बनाने के निर्णय से संबंधित एक फाइल पिछले तीन वर्षों से निगम मुख्यालय के चक्कर लगा रही है।

इसके दो माह बाद अशोक होटल के मामले में भी कुछ ऐसी ही बात हुई। दरअसल, अशोक होटल ने वर्ष 1982 में कुछ अज्ञात और अस्पष्ट परिस्थितियों में उस एंपीथिएटर (सोपान-मंडप) को बंद करने की स्वीकृति दे दी थी, जो वर्ष 1981 में शुरू किया था—स्पष्ट है कि उस समय शानदार उद्घाटन समारोह भी आयोजित किया गया होगा। 10 फरवरी, 2002 को जीर्ण-शीर्ण हालत में पड़े एंपीथिएटर के टूटे-फूटे पत्थरों पर खड़ा मैं उस सफलता की स्थिति पर विचार करने लगा, जो एंपीथिएटर को बनाए रखने पर मिल सकती थी। अशोक होटल के सिविल इंजीनियर से भी मैंने उसी तरह का जवाब तलब किया और जवाब में जो कुछ सुनने को मिला, वह कुछ ज्यादा अलग नहीं था। हाँ, इसमें इतना अंतर जरूर था कि इस मामले की कोई फाइल नहीं तैयार की गई थी। इंजीनियर ने काम को पूरा करने के लिए तीन महीने का समय और 15 लाख रुपए माँगे। उसे बीस दिन का समय तथा सिर्फ 3 लाख रुपए दिए गए थे और वह भी इस हिदायत के साथ कि यदि काम निर्धारित समय में पूरा हो गया तो उसे पुरस्कृत किया जाएगा और यदि ऐसा नहीं हुआ तो उसे निलंबित भी किया जा सकता है। और इस बार भी मैं निराश नहीं हुआ। भारत सरकार के पर्यटन विभाग की सचिव श्रीमती रती विनय झा 1 मार्च, 2002 को अशोक थिएटर के उद्घाटन समारोह में आयोजित नृत्य कार्यक्रम—जिसे विख्यात कुचिपुड़ी नृत्यांगना

राजा रेड्डी ने प्रस्तुत किया था—में मुख्य अतिथि थीं। सरकारी और व्यक्तिगत क्षेत्र के कड़े मानदंडों के आधार पर ये दोनों ही कार्यक्रम अत्यंत महत्त्वपूर्ण थे और साथ ही ये एक ऐसे संगठन के कार्य-संपादन का उत्कृष्ट उदाहरण थीं, जो बहुत समय पहले से ही लगभग बंद पड़ा था।

अशोक कैफेटेरिया की कहानी भी मुझे अच्छी तरह याद है। 20 मई, 2002 का दिन था। सुबह लगभग 9 बजे अपने घर से निकलने के बाद मैंने शास्त्री भवन में जाकर अशोक कैफेटेरिया का मसला सुलझाने का निश्चय किया। अशोक कैफेटेरिया एक सुंदर भोजनालय था, जिसमें भाँति-भाँति के स्नैक्स और कुछ खाने की वस्तुएँ उपलब्ध थीं। लेकिन थोड़े ही समय में वह लगभग बंद होने के कगार पर पहुँच गया था। मुख्य कारण था, भ्रष्ट गतिविधियों और कार्यकर्ताओं की लापरवाही की ग्राहकों की शिकायत बराबर आती रहती थी, लेकिन उन्हें एक कान से सुनकर दूसरे कान से निकाल दिया जाता था और इस दौरान कैफेटेरिया लगातार घाटे में चल रहा था। हालाँकि इन सब बातों की ओर मेरा ध्यान पहले ही आकृष्ट किया गया था, लेकिन उस समय मैं उसे प्राथमिकता नहीं दे सका, क्योंकि मेरे सामने उस समय कई बड़ी समस्याएँ थीं, जिन्हें सुलझाना जरूरी था। खैर, उस दिन सुबह जब स्टाफ के सारे कर्मचारी-अधिकारी कार्यालय के अंदर आने लगे और उन्होंने अध्यक्ष को स्वयं एक ओर बैठा देखा तो उनका चौंकना स्वाभाविक था। प्रबंधक का स्थानांतरण हो गया और स्टाफ के अन्य लोगों को सख्त चेतावनी दी गई कि यदि यहाँ भ्रष्ट गतिविधियों का निशान भी देखने को मिला तो उन्हें निलंबित कर दिया जाएगा। यह चेतावनी भी मैंने अपने चिर-परिचित अंदाज में दी थी, जैसा मैं अत्यधिक क्रोधित होने पर किया करता था। कैफेटेरिया के लिए एक टेलीविजन, एयरकंडीशनर, नए फर्नीचर, रसोई में प्रयुक्त होनेवाले बरतन तथा दीवारों पर लगाने के लिए पेंटिंग की भी आवश्यकता थी। अपनी विशेष ड्यूटी अधिकारी शालिनी दीवान को कैफेटेरिया के पुनरोद्धार का कार्य सौंपकर और सारा काम उसी दिन शाम 5 बजे तक पूरा करने का निर्देश देने के बाद सुबह 11 बजे मैं कैफेटेरिया से चला गया

था। शाम को 5 बजे स्थिति का मुआयना करने के लिए मैं फिर वहाँ पहुँच गया था।

जी हाँ, मैंने देखा, मेरे बताए गए लगभग सारे कार्य शाम तक पूर्ण कर लिये गए थे और शास्त्री भवन में आनेवाले लोग अपने पसंदीदा भोजनालय की काया-पलट—और वह भी इतने कम समय में—देखकर आश्चर्यचकित हो रहे थे। उसके बाद बात आई भ्रष्ट गतिविधियों की—कर्मचारियों द्वारा बिल न जारी करने और पैसा अपनी जेब में रखने का मामला; कर्मचारियों द्वारा कार्यालय के समय के बाद कैफेटेरिया की वस्तुएँ बेचे जाने का मामला। रामपाल, जो मेरे सबसे विश्वासपात्र सहायक थे, को मैंने यह कार्य सौंपा। वह इस काम में माहिर भी थे। नकद काउंटर पर एक सतर्कता अधिकारी नियुक्त कर दिया गया और कैफेटेरिया का टर्नओवर एक सप्ताह में ही दोगुना हो गया।

एयरपोर्ट पर बने अशोक कैफेटेरिया का भी यही हाल था। वहाँ तो छोटा-से-छोटा कर्मचारी भी अपनी कार में चलता था। वहाँ होता क्या था—ड्यूटी पर आते समय बाहर से वस्तुएँ खरीद लीं और उन्हें कैफेटेरिया में लाकर निर्धारित मूल्य—अंतरराष्ट्रीय हवाई अड्डों पर उन वस्तुओं का निर्धारित मूल्य काफी ज्यादा होता था—पर बेच दिया। स्टाफ के लोग दिनोदिन अमीर होते जा रहे थे और निगम कंगाल होता जा रहा था। रामपाल एक बार फिर सक्रिय हो गए। एक दिन प्रभारी प्रबंधक को स्थानांतरित कर दिया गया और उसके स्थान पर एस.के. सिब्बल को नियुक्त कर दिया गया, जो एक कुशल प्रबंधक थे तथा फालतू की बकवास में बिलकुल विश्वास नहीं करते थे। नकद काउंटर पर एक सतर्कता टीम तैनात कर दी गई और जल्दी ही कैफेटेरिया—जो अब तक अभूतपूर्व घाटे की स्थिति झेल रहा था—का टर्नओवर तीन गुना हो गया। अब चूँकि स्टाफ का कोई भी व्यक्ति भ्रष्ट गतिविधियों का सहारा लेकर कमाई नहीं कर सकता था, अत: लगभग सभी ने स्वैच्छिक सेवानिवृत्ति ले ली।

इस तरह की कई अन्य घटनाओं में भी मैंने यह संदेश देने की कोशिश

की कि कार्य-संपादन से बढ़कर कुछ भी नहीं है। भ्रष्ट लोगों के साथ कड़ा रुख अपनाया गया और थोड़े ही समय में पूरे निगम में यह संदेश पहुँच गया। निगम के एक-एक कर्मचारी-अधिकारी के लिए 'करो या जाओ' एक गुरुमंत्र बन गया। अंततः निगम पहले धीरे-धीरे और बाद में तेजी से विकास की ओर बढ़ने लगा। व्यावसायिक इकाइयाँ घाटे की स्थिति से निकलकर लाभ की स्थिति में पहुँच गईं। वे अभूतपूर्व गति से विकास करने लगीं। इस प्रकार, भारत में व्यक्तिगत क्षेत्र में यह सबके लिए पुनर्जागरण का संकेत था। लेकिन दुर्भाग्य की बात है कि यह पुनर्जागरण अस्तित्व में नहीं आ सका। कार्य-संपादन के सिद्धांत पर उस समय सबसे बड़ा प्रहार हुआ, जब मुझे कुछ समय के लिए दृश्य से हटा दिया गया—हो सकता है कि यह सब किसी बड़े उद्देश्य से किया गया हो। निगम ने जो कुछ सफलता हासिल की, वह सिर्फ कार्य-संपादन को सर्वोच्च प्राथमिकता देने के सिद्धांत के बल पर। हर कोई यह बात अच्छी तरह समझ गया था कि कार्य-संपादन के रास्ते में कोई भी बाधा स्वीकार नहीं की जाएगी। सचमुच, यही होना भी चाहिए।

कार्य-संपादन की बात चल रही है तो मैं मुख्य कार्यकारी अधिकारी की कार्य-कुशलता में सुधार लाने में वैयक्तिक स्टाफ की भूमिका के विषय में कुछ कहना चाहता हूँ। एक मुख्य कार्यकारी अधिकारी (C.E.O.) को व्यापक वैयक्तिक सहयोग की आवश्यकता होती है, जो उसका अपना वैयक्तिक स्टाफ ही दे सकता है। एक मंत्री के मामले में भी यही बात लागू होती है, जो उसके वैयक्तिक स्टाफ जितना ही अच्छा होता है। मैं ऐसे कई अच्छे-अच्छे मंत्रियों को व्यक्तिगत रूप से जानता हूँ, जिनकी छवि उनके अपने ही स्टाफ की अक्षमता अथवा भ्रष्टता के कारण खराब हुई है। अब मुझे पूर्ण विश्वास हो गया है कि एक कुशल, ईमानदार और समर्पित वैयक्तिक स्टाफ का कोई विकल्प नहीं है। वैसे इस मामले में मैं खुशनसीब रहा हूँ और यह खुशनसीबी उस समय वास्तव में दिखाई दे रही थी जब भारतीय पर्यटन विकास निगम में मुझे शालिनी और आर.एन. माथुर की संयुक्त भूमिका की आवश्यकता पड़ी, जिनकी मदद के बिना मैं वह कुछ भी नहीं कर सकता था

जो मैंने वास्तव में किया। माथुर एक उम्रदराज और ईमानदार व्यक्ति थे। वह मेरे लगभग सभी प्रमुख मामले देखते थे, जिनमें व्यक्तिगत और वित्तीय मामले शामिल थे तथा मेरे हस्ताक्षर के लिए मेरे पास आनेवाली फाइलें भी शामिल होती थीं। शालिनी उम्र में माथुर से छोटी, खूबसूरत और स्वभाव में चुलबुली किस्म की युवती थी। वह मेरी व्यक्तिगत बैठकों, मार्केटिंग विभाग और सीधी काररवाई से संबंधित मामले देखती थी। दोनों ही अत्यधिक ईमानदार और निष्ठावान् थे। सचमुच, वे मेरे हाथ, आँखें और कान थे। मुझे ऐसा एक भी मौका याद नहीं कि उन दोनों में से किसी ने भी दफ्तर में अतिरिक्त समय में कार्य करने से इनकार किया हो। मेरे दफ्तर छोड़ने से पहले वे कभी भी दफ्तर से नहीं जाते थे। शालिनी एक प्रतिभाशाली अधिकारी थी। उसकी विश्लेषण-क्षमता तथा निर्णय लेने की शक्ति सचमुच प्रशंसनीय थी। स्पष्ट दिशा-निर्देश मिलने पर वह किसी भी काम को स्वयं सँभालने की क्षमता रखती थी। इन सबसे बड़ी बात, ये दोनों स्वयं इतने ईमानदार होते हुए भ्रष्टाचार और भ्रष्ट तत्त्वों का पता लगाने में माहिर थे। मुझे याद है, जब मैंने अपने होटलों में हो रहे यौन शोषण का पता लगाने का काम शालिनी को सौंपा था और उसने बड़ी आसानी से सारे मामले का पर्दाफाश कर दिया था। भारत सरकार में पर्यटन विभाग की तत्कालीन सचिव श्रीमती रती विनय झा ने भी एक बार मुझसे कहा था कि शालिनी भारतीय पर्यटन विकास निगम की एक कुशल मुख्य कार्यकारी अधिकारी बन सकती हैं। मेरा चालक हरिभजन और चपरासी गुप्ता भी बहुत ईमानदार और निष्ठावान् थे।

किंतु सरकारी क्षेत्र में दो दशकों की मेरी सेवा ने मुझे असमंजस की स्थिति में डाल दिया था। इस खोखले सरकारी क्षेत्र में किसी अधिकारी की योग्यता इस बात से आँकी जाती है कि वह कितना व्यस्त रहता है और नियमों-प्रक्रियाओं से कितना बँधकर चलता है। वह वास्तव में काम कितना करता है, यह बात कोई मायने नहीं रखती। प्रक्रियामूलक होना अच्छी बात है, लेकिन कार्य या परिणाममूलक होना एक अनुपयुक्त एवं अस्वीकार्य लक्षण माना जाता है और कार्य-संपादन को तो सदैव ही संदेह की दृष्टि से

देखा जाता है। पूरे देश में बने सरकारी कार्यालयों-विभागों में आपको बड़ी संख्या में ऐसे बाबू मिल जाएँगे, जो व्यस्त तो दिखाई देते हैं, लेकिन कार्य-संपादन में उनकी बिलकुल भी रुचि नहीं होती; और यदि कहीं कोई कार्य संपादित भी होता है तो वह महज एक संयोग ही होता है। इस प्रकार, हम एक ऐसे राष्ट्र के नागरिक कहलाते हैं, जो आगे बढ़ने में या कार्य-संपादन में विश्वास ही नहीं करता। ऐसे राष्ट्र के नागरिक, जिसमें छोटी-से-छोटी बात को भी एक उपलब्धि माना जाता है और सामान्य-से-सामान्य मौकों पर भी शानदार उद्घाटन या स्थापना समारोह आयोजित करने की परंपरा-सी चल पड़ी है। हमारे यहाँ शौचालयों और कूड़ाघरों तक का उद्घाटन समारोह किया जाता है; क्योंकि इससे ज्यादा खास कभी कुछ होता भी तो नहीं है। एक फ्लाईओवर या मात्र 14 कि.मी. लंबी रेल लाइन के निर्माण को क्या राष्ट्रीय उपलब्धि माना जा सकता है, जिसे शानदार उद्घाटन समारोह करके राष्ट्र को समर्पित किया जाए? लेकिन हमारे यहाँ ऐसी बातें नित्य देखी जा सकती हैं और चुनाव होने वाले हों तो समारोह-पर-समारोह आयोजित होने लगते हैं। यानी समारोह पहले जरूरी है, वास्तविक उद्देश्य पूरा हो या न हो। अपने राजनीतिक स्वामियों को खुश करने के लिए नौकरशाह बढ़-चढ़कर इस प्रकार के समारोह आयोजित करते हैं। जी हाँ, चाटुकारिता भी अपनी बुलंदियों पर पहुँच जाती है और उद्घाटन समारोह समाप्त होते ही वे सारी बातें भुला दी जाती हैं, जिनके लिए समारोह आयोजित किया गया होता है। इन सब बातों से तो यही लगता है कि हमारे देश में सामान्य-से-सामान्य कार्य का उद्घाटन—और वह भी समारोहपूर्वक—भी किया जा सकता है और स्मारक-पट्टिका में अपना नाम दर्ज कराकर अमरत्व प्राप्त किया जा सकता है।

वर्ष 2003 की सर्दियों में मैं शिमला के दौरे पर गया था। यह दौरा भी मेरे लिए उतना ही आघातकारी था। कनोह सेतु जैसे विरासत स्थलों पर मैंने देखा कि वहाँ बड़ी-बड़ी स्मारक-पट्टिकाएँ जड़ी हुई थीं, जिन पर संबंधित स्थल और उसके महत्त्व का वर्णन किया गया था और साथ ही मोटे-मोटे

अक्षरों में उस मुख्य अभियंता का नाम अंकित था, जिसने स्मारक-पट्टिका रखी थी। जी हाँ, रेल प्रबंधक का नाम भी उसी तरह मोटे-मोटे अक्षरों में अंकित था, जिसका योगदान केवल इतना ही था कि वह मौके पर एक खास रेलवे मंडल के प्रमुख थे। और भी देखें, उस अभियंता का कहीं जिक्र तक नहीं था, जिसने सेतु का निर्माण किया था। यह चाटुकारिता और आत्मप्रशंसा का एक उत्कृष्ट उदाहरण है। यह मैं दावे के साथ कह सकता हूँ। चाटुकारिता के मामले में दुनिया का कोई दूसरा देश हमारी बराबरी नहीं कर सकता। वैसे अभी कुछ ऐसी चीजें बची हैं, जिनका उद्घाटन नहीं किया जा रहा है। जी हाँ, टोंटियाँ, कमोड और पानी की टंकियों का उद्घाटन बिना किसी समारोह के किया जा रहा है। हो सकता है, हमारी आनेवाली पीढ़ी यह कसर भी पूरी कर दे। आनेवाले समय में निश्चित रूप से हम केवल समारोह-ही-समारोह देखेंगे। क्या बाहर के देशों में भी आपको इस तरह की स्मारक-पट्टियाँ दिखाई देती हैं? वहाँ के राजनेता और नौकरशाह अपना नाम अमर करने के लिए शौचालय या इस तरह की अन्य सुविधाओं को पूरे समारोहपूर्वक राष्ट्र को समर्पित नहीं करते, वहाँ आत्मप्रशंसा में रत होनेवाला कोई नहीं है। वे तो बस अपना काम करने में विश्वास करते हैं। लेकिन एक हम हैं कि विदेशों व विदेशियों से और कुछ सीखना ही नहीं चाहते, सिवाय उनकी जीवन-शैली के। कार्य की स्थिति-परिस्थिति को अनुकूल और आसान बनाने की आवश्यकता है, बस फिर काम स्वयं ही होने लगेंगे। उस स्थिति में वे लोग ही, जिन्हें औसत दर्जे का माना जाता है, बेहतर प्रदर्शन करने में सक्षम हो जाएँगे। यह भी सच है कि इसके अतिरिक्त और कोई विकल्प भी नहीं है देश के पास; किंतु दुर्भाग्य ही कहा जाएगा कि आज भी हमारे यहाँ सामंतवादी प्रवृत्ति कायम है। ब्रिटिश शासनकाल में जो सरकारी व्यवस्था बनाई गई थी, वह इस बात को ध्यान में रखकर तैयार की गई थी कि भारतीय लोग ब्रिटिश साम्राज्य के गुलाम हैं और उन्हें गुलाम बनकर ही साम्राज्य की सेवा करनी चाहिए। आज भी हम वही व्यवस्था क्यों लेकर चल रहे हैं, यह मेरी समझ से परे है। वही पुरानी व्यवस्था, जिसमें एक चम्मच भी खरीदने के लिए

कम-से-कम सौ हस्ताक्षर की आवश्यकता होती थी, आज भी जारी है। जी हाँ, वही पुरानी व्यवस्था, जिसमें हमें अविश्वसनीय माना जाता था और हमें हर जिम्मेदार व्यक्ति के हस्ताक्षर पर प्रति-हस्ताक्षर करवाना पड़ता था, आज भी जारी है। यहाँ मुझे एक फाइल की बात याद आती है, जो एक जनसंपर्क एजेंसी की नियुक्ति से संबंधित थी। वह फाइल वर्ष 1998 के अंतिम दिनों में पर्यटन विभाग के दफ्तर के चक्कर लगा रही थी। मैंने लिखा कि मैं फाइल की पृष्ठ संख्या 107 पर अपनी टिप्पणी लिखते हुए शर्मिंदगी महसूस कर रहा हूँ। सचमुच, जिस कार्य के लिए फाइल लंबित पड़ी थी उसमें 20 लाख रुपए से ज्यादा का व्यय नहीं था।

यही कारण है कि इस व्यवस्था के अंतर्गत केंद्रीय मंत्रालयों/विभागों में भी नौकरशाह हमेशा व्यस्त दिखाई देते हैं। कार्यालयों में बैठे बाबू लोग यही मानकर चलते हैं कि वे काम में अपना योगदान दे रहे हैं, जबकि सच्चाई यह होती है कि कार्य-संपादन का कहीं निशान तक नहीं दिखाई देता। हम यह मान बैठे हैं कि भ्रष्टाचार सहित अन्य सभी समस्याओं का हल 'कार्य की स्थिति-परिस्थिति को प्रतिकूल और असंभव' बना देने में निहित है और इसी सिद्धांत के आधार पर हम काम भी कर रहे हैं। मुझे समझ में नहीं आता कि हम काम को आसान बनाने में विश्वास क्यों नहीं करते? साधारण-से-साधारण मामले भी इस तरह नियंत्रण से बाहर क्यों हो जाते हैं कि जैसे वह मृत्युदंड जैसा गंभीर मामला हो? विकसित देशों में सारे काम इतनी आसानी से क्यों संपन्न हो जाते हैं? और हमारे यहाँ ऐसा क्यों नहीं होता? आखिर क्या कारण है कि आजादी हासिल करने के 60 वर्षों के बाद भी हम अभी बिजली, पानी जैसी मूलभूत आवश्यकताओं में ही उलझे हुए हैं? रॉकेट और परमाणु बम तो हम खूब बना लेते हैं; लेकिन आखिर क्या कारण है कि हम छोटी-छोटी वस्तुओं का गुणवत्तापूर्ण उत्पादन नहीं करते? क्या कारण है कि पूरे समारोह के साथ शुरू की गई परियोजनाएँ महीने-दो महीने में ही असफल हो जाती हैं? इन सबके पीछे मुझे तो एक ही कारण दिखाई देता है—हम कार्य की स्थितियों-परिस्थितियों को स्वयं ही प्रतिकूल और असंभव

बनाए बैठे हैं। सच में, मैं तो ईश्वर से यही माँगता हूँ कि वह हमारे देशवासियों को 'कार्य की स्थितियों-परिस्थितियों को आसान बनाने' के सिद्धांत में विश्वास करना सिखाए।

जब एक चम्मच खरीदने जैसे रोजमर्रा के कार्य को एक परियोजना का रूप दिया जा रहा है तो कारखाने और पॉवरहाउस कैसे तैयार किए जाएँगे? और तैयार किए भी नहीं जा सकते—जब तक हमें और हमारे राजनेताओं को यह एहसास नहीं होता कि बड़ी-बड़ी बातों के बल पर चुनाव नहीं जीते जा सकते। अतः सबसे पहले तो हमें निर्णय-निर्धारण की अपनी अति जटिल प्रक्रिया को आसान बनाने की आवश्यकता है। बड़े-बड़े मामलों से संबंधित निर्णयों में ही नहीं, बल्कि छोटे-से-छोटे मामले से संबंधित निर्णय में भी यही बात लागू होनी चाहिए। हर सामान्य-से-सामान्य काम में हमें हस्ताक्षर और प्रति-हस्ताक्षर की जटिलता को आसान बनाना होगा, फाइलों का अंबार कम करना होगा। इससे हमारी उत्पादकता में सुधार होगा और भ्रष्टाचार की समस्या को भी दूर किया जा सकेगा। उस स्थिति में हर कोई अपनी-अपनी गलतियों के लिए जिम्मेदार होगा और या तो काम न करने की कीमत चुकाएगा या फिर अच्छे प्रदर्शन का पुरस्कार प्राप्त करेगा। इसी तरह, हमें अपनी संविदा प्रक्रिया की जटिलता को भी सुलझाना होगा। हमारी वर्तमान संविदा प्रक्रिया इतनी जटिल है कि कई बार लोगों को अधिक कीमत देकर भी घटिया उत्पाद या सेवाएँ खरीदनी पड़ जाती हैं और ऐसे में लूट-खसोट एवं भ्रष्टाचार को और बढ़ावा मिलता है। किसी भी स्थिति में हमें स्वीकार करना होगा कि हमारी निर्णय-निर्धारण प्रक्रिया और संविदा प्रक्रिया दोनों ही भ्रष्टाचारमूलक हैं। इन्हें कार्य अथवा उद्देश्य-मूलक बनाने के लिए आवश्यक सुधार किए जाने की आवश्यकता है। यह भी सच है कि जितनी जल्दी हम ऐसा कर लेते हैं उतना ही अच्छा रहेगा।

□

3

कार्य को गति दें

कार्य को गति देने के लिए प्रतीक्षा करना मूर्ख या अयोग्य लोगों का काम है। एक योग्य व्यक्ति इसके लिए कभी प्रतीक्षा नहीं करता है—चाहे वह कार की चालक सीट पर बैठा हो या फिर किसी संगठन को चला रहा हो। कार चलाने का ही उदाहरण लेते हैं। यदि हम कार चलाने में कुशल हैं तो हम तुरंत कार को गति पकड़ा देते हैं और यदि नौसिखिया हैं तो हम डर-डरकर ही गाड़ी की गति बढ़ाते हैं और इस प्रकार हम रेस हार जाते हैं। इसी तरह, कार्यालयी या सरकारी कार्य में यदि हम कार्यभार सँभालने के तुरंत बाद कार्य को गति नहीं दे पाते तो इसका अर्थ हुआ कि अभी हमें उस कार्य के बारे में कुछ सीखना शेष रह गया है। यदि हमें उस कार्य के बारे में पूरी जानकारी है तो हम बिना समय गँवाए उसे गति प्रदान कर सकते हैं। बिल्ली को पहले ही दिन मार दिया जाना चाहिए।

मध्य प्रदेश राज्य पर्यटन निगम में मेरे साथ भी ऐसा ही हुआ। अपने नए दफ्तर की स्थिति देखकर मुझे पहले ही दिन वहाँ के स्टाफ को साफ-साफ कहना पड़ा कि चौबीस घंटे के भीतर सबकुछ स्वच्छ और व्यवस्थित हो जाना चाहिए, और हो भी गया। मुझे तो ऐसा लगा जैसे पूरा स्टाफ किसी ऐसे व्यक्ति की प्रतीक्षा ही कर रहा था, जो आए और सबकुछ साफ व व्यवस्थित करने के लिए कह दे। मेरे कार्यभार ग्रहण करने के पंद्रह दिनों के भीतर ही राज्य पर्यटन निगम का मुख्यालय एक उच्च स्तरीय कॉरपोरेट

कार्यालय जैसा दिखाई देने लगा। इस काम में कोई ज्यादा व्यय भी नहीं करना पड़ा था। इसके साथ-ही-साथ मैंने निगम के 45 होटलों और 20 मार्केटिंग, पर्यटक और क्षेत्रीय कार्यालयों को पुनरुज्जीवित करने का काम भी जोर-शोर से शुरू कर दिया था। वहाँ पर चेयरमैन फिल्मी दुनिया का होने के कारण व्यवस्था की खामियों से बड़ा परेशान था; लेकिन इसके बावजूद लगभग सभी स्थानों पर कार्य युद्ध स्तर पर संपन्न हुआ। मेरी ओर से जरूरत थी तो बस शीघ्र निर्णय लेने की और अपने स्टाफ को पूर्ण सहयोग प्रदान करने की। पहले ही दिन से हमने दिनों और सप्ताहों के लिए अलग-अलग लक्ष्य निर्धारित कर लिये थे—वर्षों और दशकों को आधार बनाकर नहीं, जैसा सरकारी संगठनों/विभागों में सामान्यतया होता है। इसके परिणाम भी तत्काल आने शुरू हो गए थे। उदाहरण के लिए, दिल्ली में एक नया विपणन कार्यालय खोला गया था। मेरे मन में विचार आया था कि मौजूदा कार्यालय को कनिष्क शॉपिंग प्लाजा से हटाकर होटल जनपथ के पास ले जाया जाए—और इसके 45 दिनों के भीतर ही नया कार्यालय खुल गया था। मेरा यह नया कार्यालय आकर्षक और प्रभावशाली था। इसी तरह के कई अन्य परिवर्तन भी किए गए थे, जिससे यह बात स्पष्ट हो जाती है कि पैसे की कमी का हमारा बहाना वास्तव में केवल बहाना ही होता है। उसके बाद मैंने पीछे मुड़कर नहीं देखा और अपने मानदंडों के अनुसार मैं सही रास्ते पर आगे बढ़ता जा रहा था। तीन वर्षों में, या यह कहें कि बीते तीस वर्षों में, भी जो नहीं हो सका था, वह हमने एक वर्ष की छोटी सी अवधि में करके दिखा दिया। निगम की लगभग सारी संपत्ति बहाल हो चुकी है और मैं विश्वास के साथ कह सकता हूँ कि मध्य प्रदेश पर्यटन क्षेत्र में यदि कोई भी व्यक्ति आता है तो एक सुंदर और सुखद अनुभूति के साथ ही लौटेगा। कमी पैसे की नहीं थी, कमी थी तो बस कार्य को गति देनेवाले की। निस्संदेह, मैंने यह कमी पूरी कर दी थी।

मैं किसी परिणाममूलक कार्य को एक निर्धारित लक्ष्य के अनुसार पूरा करने में विश्वास करता हूँ और वह भी कार्य के आरंभ में ही। मैं कागजी

नीति-निर्देश में नहीं, बल्कि काम में विश्वास करता हूँ। मैं तत्काल निर्णय लेने के सिद्धांत का पक्षधर हूँ, निर्णय लेने की शाश्वत प्रक्रिया का नहीं। कार्य-संपादन में मेरे विश्वास के परिणामस्वरूप ही वह माहौल तैयार हो गया है, जिसमें काम स्वत: ही संपन्न होने शुरू हो गए हैं, और उसके बाद आम धारणा भी बदलनी शुरू हो गई। सच बात यह है कि हमारा विश्वास अपनी व्यवस्था पर से उठ चुका है, इसीलिए हम भविष्य के लिए बहुत कम ही वादे या दावे कर पाते हैं। अत: सबसे अच्छा यही है कि कार्यभार सँभालने के बाद शुरू में ही तुरंत कार्य-संपादन में लगा जाए और उसमें तब तक लगा रहा जाए जब तक यह जीवन का एक सिद्धांत न बन जाए। अकसर होता यह है कि हम कोई नया कार्यभार सँभालने के बाद काफी दिन उसके बारे में सीखने-समझने में ही लगा देते हैं। हम व्यवस्था को हिलाने से बचना चाहते हैं और इस प्रकार डर-डरकर ही एक-एक कदम आगे बढ़ाते हैं। ऐसे में प्राय: होता यही है कि हम स्वयं हिला दिए जाते हैं। हमें पूरे आत्मविश्वास के साथ कार्य-संपादन की दिशा में आगे बढ़ना चाहिए; शुरू में भले ही गति धीमी हो, लेकिन जल्दी ही हमें अपनी गति भी बढ़ा देनी चाहिए।

□

4

न्याय और समानता की भावना

प्रायः सभी लोग स्वयं को न्याय से वंचित महसूस करते हैं। सचमुच, न्याय की भावना बिलकुल गायब ही हो गई है। वैसे मैं समझता हूँ कि इसका संबंध सोच या धारणा से ज्यादा है। सामान्यतया माना जाता है कि न्याय—यहाँ न्यायपालिका के न्याय की बात की जा रही है—नहीं हो रहा है, विशेषकर सरकारी विभागों में, जहाँ घोड़ों को गधों के साथ जोत दिया जाता है। यही कारण है कि घोड़ों में रोष एवं असंतोष की भावना पैदा हो जाती है और गधे उसका अनुचित लाभ उठाने लगते हैं। धीरे-धीरे यह रोष और असंतोष बढ़ता ही जाता है, अंततः घोड़े भी गधों में बदल जाते हैं। इस प्रकार, हमें घोड़ों की कार्य-कुशलता का लाभ मिलना बंद हो जाता है। सरकारी दफ्तरों में मैं जिसे भी देखता हूँ, प्रायः हर कोई निराश और परेशान दिखाई देता है, वह काम तक छोड़ देना चाहता है। वरिष्ठता पुरस्कार, दंड, कार्यालय का परिवेश, व्यवहार या व्यावहारिक तौर-तरीके आदि कुछ इस तरह बन गए हैं कि वे व्यापक असंतोष का कारण बने हुए हैं। कार्य की स्थितियाँ-परिस्थितियाँ इस हद तक बिगड़ चुकी हैं कि सामान्यतया लोग खुश नहीं हैं : अपनी स्वयं की कमी या असफलता के चलते नहीं, बल्कि दूसरों की सफलता और लोकप्रियता के कारण।

वास्तविक प्रगति के लिए लोगों में न्याय की भावना का होना अत्यावश्यक है। न्याय होना भी चाहिए और ऐसा होना चाहिए कि वह दिखाई भी दे। मैं

न्यायपालिका की नहीं, सरकारी संगठनों/विभागों की बात कर रहा हूँ। मुख्य कार्यकारी अधिकारी की हैसियत से मैं स्वयं को संगठन का प्रधान न्यायाधीश मानता हूँ और तत्काल न्याय देने में विश्वास करता हूँ। मेरे यहाँ घोड़ों को पुरस्कृत किया जाता है और गधों को दंड दिया जाता है; ईमानदारी को बढ़ावा दिया जाता है, भ्रष्टाचार को मिटा दिया जाता है और कामचोरों को प्रताड़ित किया जाता है। सबके लिए एक जैसा अनुशासन लागू किया जाता है। वास्तव में अनुशासन-प्रशासन कड़ा होना ही चाहिए। प्रत्येक व्यक्ति को उसकी मेहनत और योग्यता का पुरस्कार मिलना चाहिए। इसमें किसी प्रकार की पूर्वापेक्षा को कोई स्थान नहीं होना चाहिए। किसी कारणवश यदि ऐसा नहीं होता तो प्रशासन या साम्राज्य को स्वयं इसका दुष्परिणाम भुगतना पड़ता है, जैसा सामान्यतया हो भी रहा है। न्याय देने के लिए प्रधान न्यायाधीश को सच्चाई का ज्ञान होना जरूरी है। सच्चाई का ज्ञान रखने का सबसे अच्छा तरीका यही है कि प्रत्येक व्यक्ति की बात सुनी जाए और उस पर समान रूप से ध्यान दिया जाए। इसमें व्यक्ति का स्तर, पद, जाति, धर्म आदि मायने नहीं रखते। प्रत्येक व्यक्ति की बातें सुनें, उनका अपने अनुभव और समझ के आधार पर मूल्यांकन करें, वास्तविकता का विश्लेषण करने की कोशिश करें और मामले के सभी पहलुओं पर निष्पक्ष भाव से विचार करते हुए एक संतुलित निर्णय लें। इसके लिए अपनी ओर से किसी अन्य को मामले में हस्तक्षेप न करने दें। दूसरों की बातों में आकर अपना निर्णय प्रभावित न होने दें। तदर्थ काररवाई या निर्णय से बचें और फिर देखें, आप स्वयं एक अनुभवी न्यायाधीश की तरह निर्णय देने में सक्षम हो जाते हैं।

लेकिन यह सब कहने में जितना आसान है, करने में उतना ही मुश्किल है। हम सभी की अपनी-अपनी पूर्वापेक्षाएँ होती हैं। हम सभी अपने सहकर्मियों या अधीनस्थों से कुछ अपेक्षा रखते हैं। अच्छे या बुरे के प्रति हमारी सोच भी हमारे अपने व्यक्तिगत हितों से प्रभावित होती है। व्यक्तिगत हित सबसे बड़ी बुराई है और व्यापक स्तर पर समान न्याय देना है तो इस बुराई से बचना ही होगा। लेकिन कोई अपनी पूर्वापेक्षाओं और भ्रष्ट

चिंतन-प्रक्रिया से ऊपर कैसे उठे? आप स्वयं चिंतन करें। जी हाँ, 'चिंतन' ही इसका उत्तर है। हमें चिंतन के लिए पर्याप्त समय देना चाहिए—अपने स्वयं के, परिवार के या इष्ट-मित्रों के बारे में नहीं बल्कि मसलों के बारे में, जीवन और कार्य के दर्शन के बारे में, अपने लोगों के बारे में और कार्य-संपादन के बारे में।

हमें चिंतन करना चाहिए कि विपरीत परिस्थितियों के बावजूद कार्य-संपादन का लक्ष्य कैसे प्राप्त किया जाए। स्थिति की गहराई में जाकर चिंतन, बार-बार चिंतन करें और फिर निष्कर्ष पर पहुँचें। सभी सवालों के उत्तर हमारे पास ही होते हैं; न्याय सुनाने के लिए बस उन पर विचार करने की आवश्यकता होती है। अन्यायपूर्ण कार्य भले ही हमारे ऊपर कोई बाह्य प्रभाव न डाल सके, लेकिन हमारी अंतरात्मा एक बार उसका विरोध जरूर करेगी।

मानवता के प्रति सद्भाव और सहानुभूति रखना अच्छी बात है। जी हाँ, दयाभाव हमें दिखाना ही चाहिए; लेकिन याद रहे, गलती करनेवाले किसी व्यक्ति के प्रति दया दिखाई जा सकती है, लेकिन यदि कोई अपने व्यक्तिगत स्वार्थ के लिए अपने संगठन या किसी अन्य व्यक्ति को जानबूझकर नुकसान पहुँचाने की कोशिश करे तो उसे क्षमा नहीं किया जा सकता। हमें यह नहीं भूलना चाहिए कि गलत काम करनेवाले किसी व्यक्ति के प्रति दया दिखाकर हम एक अच्छे व्यक्ति के प्रति अन्याय कर रहे हैं। इस प्रकार की दया का परिणाम अनिष्टकारी ही हो सकता है। गलत काम करनेवाले को कड़ी सजा देकर ही उसे गलत काम करने से रोका जा सकता है और लोगों में न्याय की भावना पैदा करने के लिए ऐसा करना जरूरी भी है। कार्य-परिवेश में न्याय की बात करते समय देश की न्यायिक व्यवस्था पर भी थोड़ी-बहुत चर्चा शुरू हो जाती है। हमारे देश की न्यायिक व्यवस्था इतनी लचर है कि किसी अपराधी को सजा दिलाने में भी दस-दस साल लग जाते हैं। क्या यह हमारे देश की विडंबना नहीं है? इसी तरह, बाबुओं से संबंधित अपराध-पत्र का मामला सुलझाने में भी वर्षों लग जाते हैं और तब तक अपराध जारी रहता है। अपराध-पत्र दाखिल होने और सजा सुनाने के बीच

का अंतराल कम-से-कम होना चाहिए, लेकिन यहाँ तो इसका उलटा ही होता है। ऐसी परिस्थितियों में निष्पक्ष न्याय कैसे मिल सकता है ? और देर से न्याय देने का अर्थ न्याय से वंचित करना ही है। देश को इस पर गंभीरता से विचार करना होगा और चिंतन-मनन के बाद एक ऐसी न्याय-व्यवस्था तैयार करनी होगी, जिसमें समय से न्याय मिले, वर्षों या दशकों तक प्रतीक्षा न करनी पड़े। समय पर मिलनेवाला न्याय ही सच्चे अर्थों में न्याय होता है। समय के बाद या बहुत देर से मिलनेवाले न्याय का कोई महत्त्व नहीं रह जाता। अत: मेरा मानना है कि ऐसा न्यायिक तंत्र स्थापित किया जाए, जिसमें तत्काल न्याय मिल सके; आवश्यक होने पर घंटों के अंदर भी। लंबी-लंबी औपचारिक जाँच-पड़ताल और कागजी काररवाई की सीमा तय करके ही निष्पक्ष न्याय सुनिश्चित किया जा सकता है। तत्काल न्याय सुनिश्चित करके 'अपराध की दर' भी कम की जा सकती है, जो चिंताजनक है और तेजी से बढ़ती जा रही है।

□

5

स्वाभिमान–आपका और मेरा

मनुष्य के लिए सबसे मूल्यवान् वस्तु न तो उसका अपना परिवार है, न धन-दौलत और न ही उसका वैभव; उसके लिए सबसे मूल्यवान् वस्तु है—स्वाभिमान, जो वह अपने लिए अपनी दृष्टि में रखता है। प्रत्येक व्यक्ति में स्वाभिमान की एक भावना होती है, जो उसे उसके स्वभाव या प्रवृत्ति के अनुसार कार्य करने के लिए प्रेरित करती है—वह व्यक्ति चाहे शातिर अपराधी हो, कामचोर हो, कोई तुनक- मिजाज हो या फिर अच्छा और सहृदय। अमीर आदमी अपने धन का दिखावा करके अपने स्वाभिमान को बढ़ाना चाहता है; पहलवान अपनी शारीरिक शक्ति का दिखावा करके, दुष्ट प्रवृत्ति का व्यक्ति अपने बल और प्रभाव का प्रदर्शन करके तथा एक नौकरशाह अपनी नेटवर्किंग क्षमता या काम करने अथवा काम को बिगाड़ने की क्षमता का प्रदर्शन करके अपने स्वाभिमान को संतुष्ट करना चाहता है। मेरा स्पष्ट मानना है कि इन सबसे स्वाभिमान का, धन-दौलत, सामाजिक या व्यावसायिक स्तर से कोई संबंध नहीं है। हाँ, यह सहायक कारक के रूप में जरूर कार्य कर सकता है। भारत में यह धारणा व्याप्त है कि 'एक चोर तभी चोर माना जाता है, जब वह चोरी करता हुआ पकड़ा जाए'; लेकिन मैं इसे बिलकुल गलत़ मानता हूँ। स्वाभाविक बात है कि किसी चोर को लोग भले ही चोर के रूप में न देखें, लेकिन उसका अंतर्मन तो यह बात अच्छी तरह जानता है कि वह चोर है; ऐसे में उसका स्वाभिमान निश्चित रूप से नीचा ही

रहेगा, भले ही वह बाहर से अपनी नीचता छिपाने की कोशिश करता रहे।

यहाँ दो मुख्य बातें ध्यान देने योग्य हैं—पहली, हम अपना स्वाभिमान ऊँचा कैसे करें और दूसरी, हम दूसरे लोगों के स्वाभिमान को ध्यान में कैसे रखें? अपने अंतर्मन में स्वाभिमान की भावना भरना एक मुश्किल काम जरूर है, लेकिन जीवन में सकारात्मक सफलता प्राप्त करने के लिए यह अत्यावश्यक है। अपने मन में अच्छी-अच्छी भावनाएँ एवं विचार भरकर और स्वयं को एक अच्छा व्यक्ति बनाने का संकल्प लेकर ही स्वाभिमान को ऊँचा बनाया जा सकता है। इसके लिए जरूरी है कि हम दूसरों के प्रति सद्भाव रखें, ईमानदारी से अपना काम करें, अपने साथ-साथ अन्य लोगों की सुविधा-असुविधा का ध्यान रखें, अपने संगठन और देश के प्रति लगाव रखें, किसी के प्रति दुर्भाव न रखें, भ्रष्टाचार से बचकर रहें और जो कुछ दूसरों को करने के लिए कहें, उसे स्वयं भी करके दिखाएँ। इसके साथ-ही-साथ समय के महत्त्व को समझें, उसे व्यर्थ न गँवाएँ। खाली समय में अनावश्यक पुस्तकें या पाठ्य सामग्री पढ़ते हुए अपना समय नष्ट न करें, बल्कि अपने कार्यक्षेत्र से संबंधित पुस्तकें और साहित्य पढ़कर अपने ज्ञान एवं कौशल में वृद्धि करें। अच्छी पुस्तकें हमारी सोच और चिंतन-प्रक्रिया को परिष्कृत करती हैं और इस प्रकार हमारे व्यक्तित्व में निखार भी लाती हैं। यदि कोई इन सब बातों पर ध्यान देकर अपना काम करता है तो निश्चित रूप से उसके स्वाभिमान का स्तर ऊँचा होगा। उच्च स्वाभिमान वाला कोई व्यक्ति आत्मप्रशंसा में कभी मगन नहीं होगा।

दूसरे लोगों के स्वाभिमान को भी ध्यान में रखना जरूरी है। दूसरों की भावनाओं का सम्मान करके और उनकी भूलों को सहजता से लेकर हम दूसरों के स्वाभिमान को बनाए रख सकते हैं। यदि आपका अपना स्वाभिमान महत्त्वपूर्ण है तो दूसरे व्यक्ति का स्वाभिमान भी तो उसके लिए उतना ही महत्त्वपूर्ण है। यदि आप चाहते हैं कि दूसरे लोग आपके स्वाभिमान का आदर करें तो इसके लिए पहले आपको दूसरे लोगों के स्वाभिमान का आदर करना होगा। जहाँ तक मैं समझता हूँ, किसी का स्वाभिमान गिराने का सबसे

अच्छा तरीका यही है कि उसे सबके सामने खींचा जाए। 'प्रशंसा करनी है तो सबके सामने करें और डाँटना-फटकारना है तो व्यक्तिगत रूप से डाँटें-फटकारें'—यही प्रबंधन का गुरु मंत्र है, जो आधिकारिक और व्यक्तिगत दोनों जीवन में लागू होता है। इस गुरु मंत्र पर चलना शुरू कर दें और फिर देखें कि इसका आप पर और दूसरों पर कैसा प्रभाव पड़ता है। इसे प्रबंधकीय युक्ति के आधार पर नहीं बल्कि सच्चे हृदय से करें, क्योंकि इसका सीधा संबंध हृदय से ही है।

□

6

ईमानदारी : संदेह से परे

पिछले वर्ष की बात है, मैं अपने एक निकट मित्र के साथ सिविल सर्विसेज ऑफिसर्स इंस्टीट्यूट, नई दिल्ली में सपरिवार रात्रिभोज पर गया था। हम एक लॉज में बैठे थे, जिसमें अन्य लोग भी अपने-अपने परिवार सहित बैठे हुए थे। अचानक किसी ने मेरा नाम लेकर बुलाना शुरू कर दिया; बुलानेवाला मेरी सीट के पीछे बैठा हुआ था। मैंने उसे पहचानने की कोशिश की, पर पहचान नहीं सका। मेरे लिए आश्चर्य की बात थी कि वह मेरे बारे में सारी बातें जानता था। जाते समय उसने बताया कि मैंने उससे किसी ऐसे व्यक्ति के बारे में जिक्र किया था, जो ईमानदारी की बार-बार कीमत चुकाते रहने के बावजूद अपनी ईमानदारी पर अड़ा हुआ था। बात सही है, लेकिन कितनी दु:खद है। वैसे जीवन में ईमानदारी के रास्ते पर चलते रहना ही अच्छा है, भले ही समाज ऐसे लोगों को बड़ी-बड़ी कीमत चुकाने के लिए विवश कर दे। मैं विभिन्न विषयों जैसे—रेल पर्यटन, विरासत, सार्वजनिक क्षेत्र का प्रबंधन और प्रबंध कला पर व्याख्यान देने में भी रुचि लेता हूँ; लेकिन प्रबंध कला के विषय पर व्याख्यान देना मुझे बहुत अच्छा लगता है, क्योंकि इस विषय पर मैं जो कुछ भी बोलता हूँ, वह सीधे मेरे हृदय से संचरित होता है। ईमानदारी और पूर्णता—व्यावसायिक भी और वित्तीय भी—इस विषय पर एक महत्त्वपूर्ण अध्याय है। प्राय: लोग दोनों प्रकार की ईमानदारी अथवा पूर्णता में भेद नहीं कर पाते। अत: यहाँ दोनों के बीच के अंतर को स्पष्ट कर देना जरूरी है। एक सरकारी संविदा (अनुबंध) का

उदाहरण लेते हैं। मात्र एक महत्त्वपूर्ण अनुबंध दिया जाना है। यदि अनुबंध देनेवाला अधिकारी भ्रष्ट है तो उसे दो स्थितियों का सामना करना पड़ सकता है—पहली स्थिति यह है कि वह पार्टी से रिश्वत लेकर अनुबंध उसे दे दे; यह आर्थिक अथवा वित्तीय भ्रष्टाचार की श्रेणी में आएगा। दूसरी स्थिति यह हो सकती है कि वह अधिकारी संविदा भरनेवाली पार्टी से रिश्वत न ले, लेकिन उसे अपना मित्र, संबंधी या समर्थक समझकर हर स्थिति में उसे ही अनुबंध देने की कोशिश करे; यह व्यावसायिक भ्रष्टाचार की श्रेणी में आएगा।

फेयरी क्वीन एक्सप्रेस मामले पर अपनी पत्नी अरुणिमा के साथ मैंने जो बहादुरी भरी लड़ाइयाँ लड़ी थीं, उन्हें मैं कभी नहीं भूलूँगा—बहादुरी भरी इसलिए कि कोई भी व्यक्ति आधिकारिक मामले पर व्यक्तिगत रूप से अपनी पत्नी से झगड़ा नहीं करेगा। वर्ष 1997-98 का पर्यटन काल था, उस वर्ष फेयरी क्वीन एक्सप्रेस आकर्षण का केंद्र बनी हुई थी। गाड़ी में टिकट लेकर जानेवाले यात्री तो थे ही, लेकिन शायद उनसे भी ज्यादा वरिष्ठ रेलवे अधिकारियों के जोड़े (पति-पत्नी) थे, जो उद्घाटन यात्रा पर जाने वाले थे। फेयरी क्वीन एक्सप्रेस में मुझे पूरे 18 माह तक व्यस्त देखते-देखते और यह जानने के बाद कि अनेक रेलवे अधिकारी अपनी-अपनी पत्नी के साथ यात्रा का आनंद ले चुके हैं, अरुणिमा भी उसमें यात्रा का आनंद लेना चाहती थी। किंतु उसकी यह इच्छा तब तक पूरी नहीं हो सकी जब तक मैं रेल संग्रहालय के निदेशक के पद पर बना रहा। इस कारण जब-जब फेयरी क्वीन एक्सप्रेस के प्रस्थान का समय निकट आता तब-तब हमारी नियमित रूप से लड़ाई शुरू हो जाती। बाद में जब मैंने भारत सरकार में पर्यटन निदेशक के पद का कार्यभार सँभाला, तब जाकर कहीं उसकी इच्छा पूरी हो सकी जब हमने सरकारी अतिथि के रूप में फेयरी क्वीन एक्सप्रेस में यात्रा की। पुरानी कहावत है कि 'अमानत में खयानत' नहीं होनी चाहिए। जी हाँ, यह कहावत किसी संगठन की सफलता के लिए कितनी सच है! लेकिन यह भी उतना ही सच है कि इस पर अमल कम ही किया जाता है। प्राय: देखा यही जाता है

कि हर कोई अपने अधिकार अथवा कार्यक्षेत्र से ज्यादा-से-ज्यादा लाभ उठाने की कोशिश में लगा रहता है; लेकिन हमारे बीच ऐसे भी लोग हैं, जो उपर्युक्त सिद्धांत को ही अपने जीवन का दर्शन बना लेते हैं। लेकिन भाग्य की बात कौन जानता है। इस कलियुग में ईमानदारी का जो खामियाजा किसी ईमानदार व्यक्ति को भुगतना पड़ता है, शायद उससे तंग आकर वह भी दूसरों की तरह बन जाता है और अपने अधिकार या कार्यक्षेत्र में ज्यादा-से-ज्यादा लाभ खींचने की कोशिश में लग जाता है। किंतु मैंने तो निश्चय कर लिया है कि पुल मेरे पास आएगा, तभी मैं उसे पार करूँगा। 'सच्चाई की सदा जीत होती है'—इस सिद्धांत में जब तक मेरा विश्वास बना रहेगा तब तक मैं अपने प्रत्येक कार्य में दृढ़ और ईमानदार बना रहूँगा।

कई लोग यह देखकर हैरान रह जाते थे कि मैं भारतीय पर्यटन विकास निगम का प्रमुख होने के बावजूद मेरे परिवार और निकट मित्रों को वे सुविधाएँ नहीं मिल रही थीं, जो एक अध्यक्ष (प्रमुख) के परिवारवालों को मिलती हैं; जैसे—निगम के होटलों में निःशुल्क सुविधाएँ। वैसे मैंने शुरू में ही स्पष्ट कर दिया था कि 'मनोरंजन' से संबंधित मामलों में मिलनेवाले अधिकार किसी भी स्थिति में 'आत्म-रंजन' के लिए नहीं होने चाहिए। वस्तुतः यही होना भी चाहिए। वरिष्ठ अधिकारियों को मनोरंजन से संबंधित जो सुविधाएँ या अधिकार दिए जाते हैं, वे संगठन के हित को ध्यान में रखकर ही दिए जाते हैं, अधिकारी या उसके परिवार अथवा इष्ट-मित्रों के लिए व्यक्तिगत रूप से नहीं। यह अलग बात है कि आज स्थिति इसके बिलकुल विपरीत दिखाई देती है। अतः जब मैं कार्यालय में आया और निगम के होटलों से अपने स्वयं के लिए मँगवाए जानेवाले भोजन आदि की कीमत चुकानी शुरू कर दी तो कई लोगों की भृकुटि मेरी ओर टेढ़ी होनी शुरू हो गई। होटल अशोक के एक वरिष्ठ अधिकारी ने मुझसे एक बार पूछा था कि आप निगम की ओर से मिलनेवाली मुफ्त सुविधा का लाभ क्यों नहीं लेते हैं, जैसी कि अब तक यहाँ की परंपरा रही है? मेरा उत्तर था—"मुझे मुफ्त खाने की आदत नहीं है और मेरे पास इतना पैसा भी नहीं है कि मैं ऊँची

कीमत पर वस्तुएँ खरीद सकूँ।'' संभवत: मेरी इसी बात का प्रभाव था कि निगम के उच्चाधिकारियों में घर से टिफिन लाने का रिवाज शुरू हो गया—जहाँ तक मेरा खयाल है, यह सब बॉस को प्रभावित करने के लिए था। खैर, अच्छा ही था कि इससे मुफ्त भोजन का बोझ तो कम हो ही गया। उसके बाद जब कभी मेरा स्टाफ मुझे होटल के बेसमेंट में बनी स्टाफ कैंटीन में सस्ता लंच करते देखता तो वह चौंकता नहीं था।

उस समय भी कुछ ऐसी ही बात देखने को मिली थी, जब निगम के कर्मचारियों के लिए कार्यालय-क्षेत्र में तथा गैर-आधिकारिक समारोहों में भी शराब का सेवन प्रतिबंधित कर दिया गया था। वैसे इस प्रकार का प्रतिबंध जब तक निगम के अध्यक्ष सहित वरिष्ठ अधिकारियों पर लागू नहीं किया जाता तब तक यह कागजों तक ही सिमटा रह जाता है।

इसी तरह, जब मुझे पता चला कि दिल्ली के अशोक होटल में भारतीय पर्यटन विकास निगम के कर्मचारी बिलकुल खुले हाथ से बोतल बंद (मिनरल) पानी का इस्तेमाल करते हैं, सचमुच सैकड़ों बोतलें पानी रोज पी जाते थे और वह भी बिना कीमत चुकाए, जबकि एक्वागार्ड जल शोधक द्वारा शुद्ध किया हुआ पानी टोंटियों में आता रहता था। कर्मचारियों के लिए बोतल बंद मिनरल पानी का मुफ्त इस्तेमाल प्रतिबंधित कर दिया गया और यह प्रतिबंध भी सबसे पहले मैंने अपने कार्यालय में लागू किया, क्योंकि सब पर प्रतिबंध लगाने के लिए जरूरी था कि मैं पहले स्वयं पर ही प्रतिबंध लागू करूँ, अन्यथा यह प्रतिबंध भी अन्य सरकारी प्रतिबंधों की तरह कागजों में ही सिमटकर रह जाता। इस प्रकार कार्यालय के भीतर बोतल बंद पानी का मुफ्त इस्तेमाल लगभग तत्काल ही शून्य पर पहुँच गया।

इसी तरह का एक और उदाहरण है कि, वरिष्ठ अधिकारियों को मनोरंजन के नाम पर मुफ्त सेवाएँ उपलब्ध थीं। जहाँ तक मैं समझता हूँ, मनोरंजन के नाम पर मिलनेवाली ये मुफ्त सेवाएँ दूसरों के लिए छोटी हैं और वह भी केवल संगठन के हित के लिए। ये मुफ्त की सुविधाएँ या मुफ्त का माल व्यक्तिगत रूप से किसी अधिकारी या उसके परिवारवालों के उपभोग

के लिए नहीं हैं। परंतु यह बात उन लोगों को समझा पाना बहुत मुश्किल काम है, जो मुफ्त सेवाओं-सुविधाओं को अपना जन्मसिद्ध अधिकार मान बैठे हैं। खैर, मनोरंजन पर एकदम प्रतिबंध लगा देने से कार्य और कार्य का माहौल प्रभावित हो सकता था, इसलिए उसे कम करने के लिए कोई प्रभावी रणनीति की आवश्यकता थी। इसके लिए निगम के वरिष्ठ अधिकारियों द्वारा प्रयोग में लाई जानेवाली मुफ्त सेवाओं-सुविधाओं से संबंधित एक लिखित विवरण रखना शुरू कर दिया गया, जिसमें अधिकारी का नाम और उसके द्वारा प्रयोग में लाई गई मुफ्त सेवाओं या सुविधाओं का आर्थिक मूल्य उल्लिखित किया जाता था। इस कार्य में भी वांछित सफलता मिली; बोतल बंद पानी की तरह ही मनोरंजन की सुविधाओं का मुफ्त प्रयोग भी कम हो गया। इस बार भी शुरुआत ऊपर से ही की गई थी।

वैसे इस प्रकार की मुफ्त सुविधाओं या सेवाओं के मामले में परिवार के सदस्यों का भी महत्त्वपूर्ण योगदान होता है, क्योंकि परिवार के सदस्य प्रायः इसके लिए उकसाते हैं। हालाँकि मैं इस मामले में खुशनसीब रहा हूँ, क्योंकि मेरे परिवारवाले भी मेरी तरह ही मुफ्त का माल खाने से बचते हैं और इस पर मुझे गर्व भी है। खैर, दीवार पर मोटे-मोटे अक्षरों में लिखवा दिया गया था—कोई मुफ्त लंच नहीं, अनुशासनहीनता बिलकुल भी सहन नहीं की जाएगी। नियम सभी के लिए एक समान हैं। जिसका स्तर जितना ज्यादा ऊँचा होगा, उसके साथ उतनी ही कड़ाई से नियम लागू होंगे।

ईमानदारी दो तरह की होती है—व्यावसायिक और आर्थिक अथवा वित्तीय। सामान्यतया लोग दोनों को एक ही मान लेते हैं। वित्तीय ईमानदारी को ही लोग ईमानदारी के रूप में मानते हैं और इस प्रकार, व्यावसायिक ईमानदारी, जो काफी महत्त्वपूर्ण होती है, की बात बिलकुल अलग कर दी जाती है। व्यावसायिक ईमानदारी का सीधा संबंध व्यक्ति के कार्य-संपादन से होता है, जबकि आर्थिक ईमानदारी अपेक्षाकृत ज्यादा महत्त्वपूर्ण होती है; क्योंकि व्यावसायिक दृष्टि से भ्रष्ट लोगों के कारण संगठन, समाज या देश को दीर्घकालिक क्षति पहुँचती है। दुःख की बात यह है कि यदि ऐसे लोग

आर्थिक दृष्टि से ईमानदार होते हैं तो समाज उन्हें अच्छे व्यक्ति के रूप में जानता है। यह बात भी सच है कि आर्थिक दृष्टि से भ्रष्ट व्यक्ति व्यावसायिक दृष्टि से भी भ्रष्ट हो जाता है, क्योंकि वह कार्य-संपादन को महत्त्व न देकर अपने व्यक्तिगत लाभ के चक्कर में ही लगा रहता है। परंतु ऐसा नहीं है, व्यावसायिक दृष्टि से भ्रष्ट कोई व्यक्ति पैसे के मामले में भी भ्रष्ट ही होगा। यह मानना पड़ेगा कि आर्थिक दृष्टि से अर्थात् पैसे के मामले में भ्रष्ट होने के लिए व्यक्ति को अपेक्षाकृत अधिक बेशर्मी एवं धूर्तता का सहारा लेना पड़ता है और इसमें जोखिम भी ज्यादा लेना पड़ता है। परंतु भ्रष्ट लोगों के वर्चस्ववाले किसी समाज में ईमानदार बने रहने के लिए भी साहस का होना जरूरी है, हालाँकि यह साहस दूसरी तरह का होता है। ऐसे व्यक्ति को नौकरी खोने या बार-बार स्थानांतरण की परेशानी झेलने के साथ-साथ शारीरिक क्षति के लिए भी तैयार रहना पड़ता है।

इस प्रकार, व्यक्तिगत और आधिकारिक दोनों ही मामलों में सफलता का मूल मंत्र ईमानदारी ही है। अपने सहकर्मियों, समकक्षों और अधीनस्थों का सम्मान एवं प्रेम प्राप्त करने के लिए भी ईमानदारी आवश्यक है।

दुर्भाग्य की बात है कि वर्तमान समाज ईमानदारी को भी अपनी व्यक्तिगत सुविधा के अनुसार परिभाषित करने लगा है। आर्थिक भ्रष्टाचार के संबंध में भी हमने अपने अलग-अलग मानदंड बना लिये हैं। उदाहरण के लिए, कुछ लोग कार्यालय के टेलीफोन, कार आदि के व्यक्तिगत प्रयोग को भ्रष्टाचार की श्रेणी में नहीं रखते। इसी तरह कुछ लोग ठहरने, आने-जाने और भोजन की मुफ्त सुविधा के उपभोग को आर्थिक भ्रष्टाचार की श्रेणी में नहीं मानते। कुछ अन्य लोग महँगे-से-महँगे उपहार लेना भी भ्रष्टाचार में नहीं गिनते और ऐसे लोग प्रायः किसी-न-किसी विशेष अवसर, जैसे दीपावली या नववर्ष आदि का बड़ी बेसब्री से इंतजार करते रहते हैं, जब उन्हें महँगे-महँगे उपहारों से लाद दिया जाता है—इतने महँगे कि वे स्वयं उन्हें शायद ही कभी खरीद सकें। कुल मिलाकर यह बहुत नाजुक स्थिति है; लेकिन मेरा मानना है कि आर्थिक भ्रष्टाचार के मामले में कोई शॉर्टकट यानी

छोटा रास्ता नहीं है। कार्यालय की छोटी-से-छोटी वस्तु, सुविधा आदि का व्यक्तिगत प्रयोग आर्थिक भ्रष्टाचार माना जाना चाहिए और इस संबंध में सबके साथ एक ही मानदंड अपनाया जाना चाहिए।

पच्चीस वर्षों के अपने सेवाकाल में मैंने आर्थिक और व्यावसायिक ईमानदारी का उच्च स्तर बनाए रखने पर जोर दिया है। इस प्रयास में मैं काफी हद तक सफल भी रहा हूँ। इस दौरान मैंने किसी प्रकार के लालच को अपने मन में स्थान नहीं दिया और न ही उस संगठन के प्रति अपनी निष्ठा में कोई कमी आने दी, जिससे मेरी रोजी-रोटी चलती है और इस प्रकार मैंने देश के प्रति अपने प्रेम में भी कोई कमी नहीं आने दी। ईमानदारी का बीज संभवतः मेरे भीतर जन्म के समय ही पड़ गया था, क्योंकि मैं एक ऐसे पिता की संतान के रूप में उत्पन्न हुआ हूँ, जिन्होंने जीवन भर व्यक्तिगत ईमानदारी के उच्च स्तर को बनाए रखा था। मेरे पिताजी निहायत ही ईमानदार व्यक्ति थे, यद्यपि वह एक सशक्त प्रशासक नहीं थे, लेकिन मैं स्वयं को कुछ भिन्न मानता हूँ। मैं स्वयं को ईमानदार और साथ-ही-साथ कठोर भी मानता हूँ। मेरे पिताजी ने सशक्त या कठोर प्रशासक न होने के बावजूद अपनी व्यक्तिगत ईमानदारी पर कभी धब्बा नहीं लगने दिया। उत्तर प्रदेश उच्च शिक्षा सेवा आयोग के चेयरमैन के पद पर कार्य करते हुए वह न तो कभी आर्थिक लालच में आए और न ही किसी प्रकार के राजनीतिक दबाव में आकर किसी अयोग्य अभ्यर्थी की नियुक्ति ही होने दी। वैसे तो मैं भी अपने आधिकारिक कैरियर की शुरुआत से ही ईमानदारी से चिपका रहा हूँ, लेकिन मेरी ईमानदारी की परीक्षा की घड़ी वर्ष 1984 में उस समय आई, जब दक्षिण-मध्य रेलवे के मुख्यालय सिकंदराबाद में वरिष्ठ यांत्रिकी अभियंता (मेकैनिकल इंजीनियर) के पद पर मेरी तैनाती के दौरान रेलवे का एक स्थानीय सप्लायर रेलवे अधिकारियों की कॉलोनी लांसर बैरक्स में छठी मंजिल पर मेरे लिए आवंटित मकान में आया। उस समय मैं एक तेज-तर्रार नवयुवक था और स्वभाव से ईमानदार तो था ही। शायद वह सप्लायर यह बात अच्छी तरह उस समय समझ पाया, जब चाय खत्म करने के बाद मैं उसे

बॉलकनी में ले गया और उसे चेतावनी दी कि यदि वह फिर कभी किसी व्यावसायिक मामले पर चर्चा करने के लिए मेरे घर आया तो उसे इसी बॉलकनी के रास्ते से वापस जाना पड़ेगा। यह संदेश संभवतः पूरे देश में फैल गया था, क्योंकि उसके बाद फिर कभी कोई सप्लायर इस तरह मेरे घर नहीं आया।

सिकंदराबाद से मेरा स्थानांतरण कलकत्ता के लिए कर दिया गया। रेल मंत्रालय ने सूचना प्रौद्योगिकी के पक्षधर प्रधानमंत्री राजीव गांधी और रेल मंत्री माधवराव सिंधिया के सहयोग से कलकत्ता में रेलवे के विभिन्न उपविभागों की प्रबंध सूचना व्यवस्था का कंप्यूटरीकरण करने के लिए व्यवस्था विकास समूह (Systems Development Groups) स्थापित किए थे। कलकत्ता में स्थापित व्यवस्था विकास समूह रेलवे के सभी तकनीकी विभागों में प्रबंध सूचना व्यवस्था लागू करने के उद्देश्य से पायलट प्रोजेक्ट शुरू करने के लिए स्थापित किया गया था। मुझे यांत्रिकी विभाग में तैनात किया गया था। यहाँ मुझे मेकैनिकल इंजीनियरिंग विभाग के कंप्यूटरीकरण के लिए पायलट प्रोजेक्ट शुरू करना था। पायलट प्रोजेक्ट जब तक एक डीजल, एक कैरिज और एक वैगन डिपो तक सीमित था तब तक सबकुछ ठीक चलता रहा; लेकिन जब कार्यशालाओं की बारी आई तो रेलवे बोर्ड ने चौदह कार्यशालाओं का एक साथ कंप्यूटरीकरण करने का निर्णय ले लिया और इस कार्य के लिए उसने 8 करोड़ रुपए का बजट निर्धारित कर दिया। वर्ष 1986 के संदर्भ में देखा जाए तो यह राशि इतने कार्य के लिए बहुत ज्यादा थी, यही कारण है कि लगभग सभी की दृष्टि इस बड़ी निविदा पर लग गई थी। इस प्रकार यह कार्य धीरे-धीरे जटिल होता गया; निविदा के लिए चारों ओर से पड़ रहे दबावों के कारण यह जटिलता और भी बढ़ गई थी। पैसे का बड़ा-बड़ा लालच दिए जाने के बावजूद मैंने अपनी ईमानदारी और कर्तव्यनिष्ठा पर कायम रहकर ही कार्य किया। अंततः मेरी स्थिति यह हो गई कि मुझे नव वर्ष की दैनंदिनी (डायरी) भी चारिंगी (Chowringhee) में एक दुकान से खरीदनी पड़ी, क्योंकि कोई भी कंप्यूटर सप्लायर मुझे डायरी जैसी छोटी

चीज देकर भी मेरी नाराजगी मोल लेने की हिम्मत नहीं कर पा रहा था। बाद में एक दिन सभी कंप्यूटर विक्रेता एक साथ मिलकर मेरे पास आए और कहने लगे कि इस (निविदा के) मामले में जो भी निर्णय लिया जाएगा, वे उसका सम्मान करेंगे; दरअसल उन्हें मेरी ईमानदारी और कार्यकुशलता पर पूरा विश्वास था। वैसे जहाँ तक नववर्ष की डायरी, कलम या कैलेंडर की बात है, मैं इन्हें लेना तो चाहता था; लेकिन मैंने अपनी छवि ही कुछ ऐसी बनी ली थी कि कोई मुझे ये वस्तुएँ प्रस्तुत करने का साहस भी नहीं कर पाता था। मुझे लगता है, इसके लिए मुझे कुछ करना पड़ेगा, क्योंकि नववर्ष की डायरी या कैलेंडर जैसी वस्तुएँ बाजार से खरीदना भी मेरे स्वाभिमान को प्रभावित करेगा।

प्राय: हम मानते हैं कि भ्रष्ट व्यक्ति वही है, जो रँगे हाथ भ्रष्टाचार करते पकड़ा जाए। मैं ऐसे कई लोगों से मिला हूँ, जो पूरी तरह ईमानदार होते हुए भी जाँच प्रक्रिया में उलझे पड़े हैं—सिर्फ इसलिए कि उन्होंने संबंधित नियमों-निर्देशों की ओर ध्यान नहीं दिया। वैसे मेरा अपना मानना है कि रँगे हाथ पकड़ा जाना ही व्यक्ति की ईमानदारी या भ्रष्ट आचरण का मानदंड नहीं है। कोई भ्रष्ट व्यक्ति रँगे हाथ भले न पकड़ा जाए, लेकिन स्वयं उसे तो अपनी सारी करतूतों की जानकारी होती ही है, उसका व्यवहार और कार्य-शैली भी प्रभावित होते हैं। ऐसा व्यक्ति सामनेवाले व्यक्ति की आँख से आँख मिलाकर बात नहीं कर सकता। यह बात भी माननी पड़ेगी कि ऐसा व्यक्ति उन लोगों के बीच रहना पसंद नहीं करेगा, जो उसे भलीभाँति जानते हैं; बल्कि वह ऐसे लोगों के बीच ज्यादा सहज महसूस करेगा, जो उसके बारे में बहुत कम जानते हैं। वैसे दोनों ही स्थितियों में खामियाजा तो भुगतना ही पड़ेगा। आप गलत रास्ते से पैसा भी कमाते रहें और आपका स्वाभिमान भी ऊँचा बना रहे, लोग आपको सम्मान भी दें—यह सब एक साथ नहीं हो सकता।

अपने कार्य-व्यवहार में ईमानदारी प्रदर्शित करनेवाला व्यक्ति अपने अधीनस्थों तथा वरिष्ठों की ओर से सम्मान प्राप्त करता है। एक ईमानदार

व्यक्ति सभी के प्रति समभाव रखता है और किसी के साथ कोई पूर्वापेक्षा नहीं रखता। ऐसा व्यक्ति अपने आलोचकों द्वारा भी प्रशंसा प्राप्त करता है तथा इस प्रकार उसका कार्य-संपादन का लक्ष्य और भी आसान हो जाता है। इसी तरह अपने स्टाफ के सदस्यों में भी व्यक्तिगत ईमानदारी का उच्च आदर्श प्रस्तुत करना चाहिए। इससे पूरे विभाग अथवा संगठन का सामूहिक कार्य-संपादन आसान हो जाता है और स्टाफ के सदस्यों में कार्य के प्रति लगन पैदा होती है। किंतु यह तभी संभव है, जब सर्वोच्च पद पर बैठा अधिकारी स्वयं व्यक्तिगत ईमानदारी का उत्कृष्ट उदाहरण अपने स्टाफ के समक्ष रखे। एक ईमानदार व्यक्ति अथवा अधिकारी अपने एक-एक कार्य और अपनी एक-एक बात पर ध्यान देता है कि कहीं किसी कारण से उसकी ईमानदार छवि पर आँच तो नहीं आ रही है।

होटल अशोक के बैंक्वेट हॉल में वहाँ के पूरे स्टाफ के साथ अपनी एक बैठक में मुझे एक वादा करना था और बदले में एक वादा स्टाफ की ओर से भी लेना था। मैंने अपनी ओर से वादा किया था कि मैं सदैव ईमानदार बना रहूँगा और बदले में मैंने स्टाफ से पूर्ण ईमानदार बने रहने का वचन माँगा। मैंने वचन दिया था कि मेरा परिवार या इष्ट-मित्र भारतीय पर्यटन विकास निगम के होटलों में कभी मुफ्त भोजन नहीं करेंगे; स्टाफ से भी मैंने यही माँग की। वे इस पर सहमत हो गए थे। मैंने उनसे वादा किया कि किसी भी कार्यालय-क्षेत्र के भीतर, समारोह के दौरान भी, मैं शराब नहीं पीऊँगा। स्टाफ से भी यही अपेक्षा की; वे सहमत हो गए। सचमुच, स्टाफ के सदस्य जानते थे कि मैं जो कुछ भी बोल रहा हूँ, वह सच्चे हृदय से बोल रहा हूँ; उन्हें मेरी ईमानदारी और कर्तव्यनिष्ठा पर पूरा विश्वास था। वैसे यह सब संगठन के हित के लिए ही था और स्टाफ के सभी सदस्यों की ओर से मुझे पूरा सहयोग भी मिला। वस्तुतः स्टाफ, चाहे वह किसी भी संगठन का हो, खराब नहीं होता, बशर्ते सर्वोच्च प्रबंधन स्वयं ईमानदार बने रहते हुए उसका उपयुक्त दिशा-निर्देश करने में सक्षम हो।

राजनेताओं के साथ मेरा अकसर सरोकार रहा है। वैसे तो, जैसा मैंने

देखा है, इन राजनेताओं की ईमानदारी का स्तर नौकरशाहों की ईमानदारी के स्तर से ऊँचा होता है; लेकिन भारत के तत्कालीन पर्यटन एवं संस्कृति मंत्री जगमोहन के नेतृत्व में कार्य करने से पहले तक मैं यही समझता आ रहा था कि राजनेताओं में पूर्ण ईमानदारी एक दुर्लभ गुण है। पर्यटन एवं संस्कृति मंत्री के पद पर पहुँचने से पहले जगमोहन दिल्ली के राज्यपाल, उसके बाद जम्मू व कश्मीर के राज्यपाल तथा बाद में केंद्रीय शहरी विकास मंत्री के पद पर कार्य कर चुके थे। जम्मू व कश्मीर में तथा शहरी विकास के मामले में महत्त्वपूर्ण उपलब्धियाँ हासिल करने के बावजूद, जैसा माना जा रहा था, इन दोनों पदों से उन्हें इसलिए हटना पड़ा था कि वह अत्यधिक ईमानदार थे। यह दुर्भाग्य की ही बात है कि ईमानदारी का यह गुण व्यक्ति को कभी भी और कहीं भी मुश्किल में डालनेवाला है। इतना ही नहीं, ईमानदारी की कीमत चुकाते हुए व्यक्ति को इस व्यवस्था से बाहर हो जाना पड़ता है, क्योंकि हमारी व्यवस्था कुछ इस आधार पर कार्य कर रही है, जिसमें ईमानदारी के लिए मानो कोई स्थान ही नहीं है। सचमुच, जगमोहन जैसा ईमानदार व्यक्ति मैंने अभी तक नहीं देखा। उनके किसी भी काम में आपको बेईमानी का संकेत तक नहीं मिल सकता। वह जो कहते हैं, उसे करते भी हैं और जो करते हैं, वह बोलते हैं। उनका कोई व्यक्तिगत एजेंडा नहीं है, बल्कि उनका एजेंडा राष्ट्र के हित के लिए है। वह अपने एक-एक कार्य के प्रति अपना उत्तरदायित्व समझते हैं। इसके लिए वे प्रभावशाली नौकरशाहों के आदेशों को भी निरस्त करने से नहीं हिचकिचाते; जबकि राजनेताओं में ऐसा कम ही देखा जाता है। उन्होंने जो भी उपलब्धियाँ हासिल की हैं, अपनी ईमानदारी के बल पर ही हासिल कीं। दिल्ली तथा जम्मू व कश्मीर के राज्यपाल और केंद्रीय शहरी विकास मंत्री तथा पर्यटन एवं संस्कृति मंत्री के पदों पर कार्य करते हुए उन्हें अपनी ईमानदारी की बार-बार कीमत चुकानी पड़ी, लेकिन वह कार्य-संपादन और ईमानदारी के मार्ग से कभी नहीं डिगे। जब मैं उनसे पहली बार मिला और हमारा अंतर्व्यवहार शुरू हुआ तो मैंने उन्हें अन्य राजनेताओं से बिलकुल अलग पाया—कार्य-व्यवहार में भी और स्वभाव में

भी। अपने व्यक्तिगत स्टाफ पर उनका पूर्ण नियंत्रण था और उनका स्टाफ भी उनके ही आदर्शों का अनुसरण करता था। सचमुच, देश भर में यदि ज्यादा नहीं तो ऐसे दस जगमोहन भी होते तो देश की हालत जरूर बेहतर होती।

ईमानदारी कोई ऐसा गुण नहीं है, जिसे अलग-अलग स्थितियों-परिस्थितियों से अलग-अलग करके देखा जा सके। कुछ लोगों का कहना होता है कि वे अपने व्यावसायिक या आधिकारिक जीवन में पूरी तरह ईमानदार बने हुए हैं, लेकिन घर में यानी व्यक्तिगत जीवन में नहीं। यदि कोई व्यक्ति वास्तव में ईमानदार है तो वह कार्यालय या व्यवसाय संबंधी मामलों के साथ-साथ व्यक्तिगत मामलों में भी ईमानदार होता है। ऐसा व्यक्ति न तो अपने संगठन/विभाग को धोखा देगा और न ही अपनी पत्नी और बच्चों को। इस प्रकार वह अपने सभी कार्य-व्यवहार में ईमानदार बना रहेगा। यदि इनमें से किसी भी मामले या कार्य-व्यवहार में ईमानदारी अनुपस्थित है तो इससे व्यक्ति का जीवन प्रभावित हुए बिना नहीं रह सकता। यदि कोई यह कहे कि 'मैं रिश्वत तो ले सकता हूँ, लेकिन लड़कियों या औरतों के चक्कर में नहीं पड़ूँगा', तो यह पूरी तरह सही नहीं हो सकता। कुल मिलाकर बात यह है कि व्यक्ति का पतन जब होता है तो आंशिक रूप से नहीं बल्कि पूरी तरह से होता है। ईमानदारी की बात यहीं तक सीमित नहीं होती कि संगठन के हित को ध्यान में रखते हुए यथासंभव अच्छे-से-अच्छा निर्णय लिया जाए—कार्यालय के समय में व्यक्तिगत कार्य करना, निर्धारित समय से पहले कार्यालय छोड़ना, वरिष्ठों की गलतियों को स्वीकार कर लेना, फाइलों का काम न निपटाते हुए उन्हें इधर-से-उधर घुमाना—ये सभी कार्य व्यावसायिक भ्रष्टाचार की श्रेणी में आते हैं। विधिक दृष्टि से गलत मौखिक आदेशों की गलती और उसके दुष्परिणाम के बारे में जानते हुए भी मौके पर विरोध न करना, बल्कि बाद में शिकायत करना भी व्यावसायिक भ्रष्टाचार का ही एक रूप है। इसी तरह, किसी ऐसे कार्य में व्यस्त रहना, जो देखने में तो कार्यालयी अथवा आधिकारिक लगता हो, लेकिन उससे कोई कार्य संपादित नहीं होता हो—भी एक प्रकार का व्यावसायिक भ्रष्टाचार है। कार्यालय के

समय में गप्पें मारना और साथ-ही-साथ व्यवस्था के दोष गिनाना तथा इस प्रकार व्यवस्था की जटिलता को और बढ़ाना—यह भी व्यावसायिक भ्रष्टाचार है, जिससे मुश्किल से ही कोई कर्मचारी बच पाता है। व्यावसायिक भ्रष्टाचार, जैसा पीछे उल्लेख किया जा चुका है, का कार्य-संपादन से सीधा संबंध होता है, अत: यह देश के लिए ज्यादा घातक है।

अब चर्चा करते हैं आधिकारिक अथवा कार्यालयी जीवन में भ्रष्टाचार के विषय पर। सच पूछा जाए तो व्यापक भ्रष्टाचार का बीज भारतीय सरकारी व्यवस्था की अपारदर्शिता और जटिलता की जमीन में ही पड़ा हुआ है। हमारी सरकारी व्यवस्था कुछ ऐसी है, जिसमें छोटे-छोटे मामलों से संबंधित निर्णय लेने के लिए भी सैकड़ों हस्ताक्षर कराने की आवश्यकता होती है और फाइलों की परंपरा ने तो इसकी जटिलता को और भी बढ़ा दिया है। इस प्रकार पूरी प्रक्रिया इतनी जटिल और समय लेनेवाली हो जाती है कि हम अपने मूल उद्देश्य को भूल ही जाते हैं या उसका महत्त्व ही समाप्त हो जाता है। ऐसे में फाइलें निपटाना ही जैसे मूल उद्देश्य हो जाता है। आप आम आदमी से बात करें तो प्राय: आपको सुनने को मिलेगा कि सरकारी व्यवस्था से जुड़ा हर आदमी भ्रष्ट है। क्या वास्तव में ऐसा हो सकता है? इसका उत्तर भी बृहत् सरकारी तंत्र की जटिलता में ही निहित है।

एक चम्मच खरीदने के लिए भी सैकड़ों हस्ताक्षर या अँगूठा निशानी की अनिवार्यता के कारण उत्पन्न जटिलता ने ही भ्रष्टाचार की स्थिति उत्पन्न की है। आर्थिक दृष्टि से भ्रष्ट लोग इसी सरकारी व्यवस्था में छिपे हुए हैं, यहाँ उन्हें आसानी से शरण मिल जाती है और व्यवस्था की जटिलता के कारण उन्हें अलग भी नहीं किया जा सकता। लोग प्राय: यह सोच लेते हैं कि एक अकेले आदमी के सोचने से कुछ नहीं होता—व्यक्ति की यही सोच उसे भ्रष्टाचार की ओर प्रवृत्त करती है, क्योंकि ऐसे में व्यक्ति स्वयं को सुरक्षित रखते हुए ही निर्णय लेता है, वह ऐसा निर्णय नहीं लेता, जो सबसे अच्छा तो हो, लेकिन जिसमें उसे अपने स्वयं के उलझने का डर हो। प्रत्येक व्यक्ति को सदैव इसी सोच के साथ कार्य करना चाहिए कि 'मैं स्वयं किस प्रकार

परिवर्तन ला सकता हूँ'। जब तक अधिकारियों में उत्तरदायित्व की भावना नहीं आती, जब तक परिश्रमी व्यक्तियों को पुरस्कार और कामचोरों को दंड देने की व्यवस्था नहीं की जाती, जब तक घोड़ों को गधों से अलग करके नहीं देखा जाता या जब तक हम अपने लक्ष्य और कार्य-व्यवहार को पारदर्शी नहीं बनाते—तब तक व्यावसायिक भ्रष्टाचार को नहीं रोका जा सकता।

सरकारी व्यवस्था और कार्य-प्रणाली की जटिलता से संबंधित एक और घटना कर-रहित (ड्यूटी-फ्री) दुकानों से संबंधित है। भारतीय पर्यटन विकास निगम में अपने कार्यकाल के दौरान हवाई अड्डों पर ड्यूटी-फ्री दुकानों के व्यापक नवीनीकरण के कार्य में मैं काफी सफल रहा था। नवीनीकरण का यह कार्य निर्धारित समय सीमा के भीतर बड़ी आसानी से संपन्न हो गया था, क्योंकि हम पूरी तरह से कार्य-संपादन पर ही बल दे रहे थे। दिल्ली की ड्यूटी-फ्री दुकान के नवीनीकरण का कार्य दिल्ली की ही एक प्राइवेट एजेंसी द्वारा बड़ी सफलतापूर्वक किया गया था। इस कार्य में मैंने व्यक्तिगत दिलचस्पी ली और एजेंसी के मालिक के साथ मैंने सीधा संपर्क स्थापित किया। भारतीय पर्यटन विकास निगम छोड़ने के एक-दो महीने के बाद जब मैं उत्तर रेलवे के मुख्यालय बड़ौदा हाउस में आ गया था तो एजेंसी का मालिक वहाँ मुझसे मिलने के लिए आया : संभवतः सम्मान प्रकट करने के लिए। थोड़ी देर औपचारिक बातचीत करने के बाद मैंने एक सीधा सवाल दाग दिया। सचमुच, सवाल सुनकर एक बार तो वह भौचक्का रह गया था। मैंने उससे पूछा कि क्या भारतीय पर्यटन विकास निगम के साथ कार्य-व्यवहार के दौरान वह भी किसी तरह से भ्रष्टाचार का शिकार रहा है? पहले तो उसने बात को टालने की कोशिश की, फिर बड़ी मुश्किल से धीमी आवाज में उत्तर दिया—हाँ। उसके मुँह से 'हाँ' सुनकर मुझे एक बार तो बड़ा आघात पहुँचा, क्योंकि मुझे अपने उस प्रयास पर पूरा भरोसा था, जो मैं निगम से भ्रष्टाचार का नामोनिशान मिटाने के लिए कर रहा था। मेरे बहुत पूछने पर उसने स्वीकार किया कि अन्य ठेकेदारों की तरह उसे भी इस मामले में कुछेक अधिकारियों की मुट्ठी गरम करनी पड़ी थी। हालाँकि वह खुश था, क्योंकि निगम के भीतर मौजूद

भ्रष्टाचारी तत्त्वों ने उसका काम आसान कर दिया था—एक ही खिड़की से उसका सारा काम निपटा दिया गया था, संभवत: इसलिए कि कई खिड़कियाँ होने की स्थिति में पकड़े जाने का डर था। उसकी बातें सुनकर मैं हैरान तो था, लेकिन थोड़ा साहस करके मैंने उससे पूछा कि उसने मेरे होते हुए भी ऐसा क्यों किया? मेरे इस प्रश्न का उसने बिलकुल सीधा और व्यावहारिक उत्तर देते हुए कहा, ''सर, फाइल कोई पचास या सौ लोगों के पास से होकर गुजरती है और यहाँ हर कोई अपना हिस्सा लेने के लिए तैयार बैठा रहता है। यदि मैं आपसे शिकायत करता तो ये सभी लोग मेरे खिलाफ हो जाते और फिर मेरे खिलाफ तरह-तरह की बातें बनाने लगते, जो नौकरशाहों की एक सामान्य विशेषता है। ऐसे में मैं तो कहीं का नहीं रह जाता और आपकी ये दुकानें भी नहीं बन पातीं। इसीलिए मुझे पैसा देकर काम करवाना पड़ा, जैसा प्राय: सभी व्यवसायी करते हैं।''

कितनी सच बात है! इसमें व्यक्तिगत रूप से कोई एक व्यक्ति दोषी नहीं है, बल्कि दोष पूरी व्यवस्था को ही दिया जाना चाहिए। यदि फाइलें इस तरह सौ-सौ लोगों के पास चक्कर लगाने की बजाय एक ही बार में निपटा ली जातीं तो भ्रष्टाचार इस तरह अपना सिर नहीं उठा पाता, उसे शुरू में ही कुचला जा सकता था। ऐसे में कोई इन चोरों से एक साथ लड़ते हुए कार्य-संपादन कैसे सुनिश्चित करे? सरकारी तंत्र में ऐसी घटनाएँ नित्य हो रही हैं, लेकिन हम खुश हैं; हमने जाँच और सतर्कता ढाँचा जो तैयार कर लिया है—भले ही वह मामले की जाँच करने और अपनी रिपोर्ट भेजने में वर्षों लगा देता हो। सचमुच, यह प्रक्रिया भी एक और चेक पोस्ट बनाकर वहाँ एक और पुलिसकर्मी तैनात करने जैसी ही है। केंद्रीय सतर्कता आयोग और केंद्रीय जाँच ब्यूरो जैसी संस्थाएँ अकेले भ्रष्टाचार को नहीं मिटा सकतीं। सच तो यह है कि भ्रष्टाचार हमारी अति-जटिल व्यवस्था में ही निहित है। अत: व्यवस्था को सरल और पारदर्शी बनाकर ही भ्रष्टाचार को मिटाया जा सकता है, क्योंकि उस स्थिति में भ्रष्टाचारी तत्त्व की पहचान करके उसे दंडित करना आसान हो जाएगा।

बड़ौदा हाउस से संबंधित निविदाओं के लिए आयोजित बैठकों के दौरान मेरा ध्यान पिछले एक दशक में आए मौलिक परिवर्तनों की ओर गया, जो मेरे लिए चौंकानेवाला रहा। रेल-चालन से संबंधित सामान्य-से-सामन्य वस्तुएँ खरीदने के लिए बैठकों की आवश्यकता की ओर ध्यान देने के अलावा मैंने समिति के सदस्यों की अति-सतर्कता और सावधानी की ओर भी ध्यान दिया। दरअसल, यह अति-सतर्कता या सावधानी यह सुनिश्चित करने के लिए नहीं कि गुणवत्तापूर्ण वस्तु का क्रय हो, बल्कि इसलिए कि फाइल पूरी और त्रुटि-रहित हो। वस्तु की गुणवत्ता गई भाड़ में! यदि हमारी व्यवस्था बची रही तो वस्तुएँ तो दोबारा भी खरीदी जा सकती हैं। हर बैठक में चर्चा शुरू हो जाया करती कि किस तरह फलाँ-फलाँ व्यक्ति क्रय के दौरान जाँच प्रक्रिया में उलझ गए। ऐसे में हर कोई अति-सावधानी बरतना चाहता है, इस डर से कि कहीं उसे जाँच अथवा सतर्कता विभाग के जाल में न फँसना पड़ जाए। पहले लोग अपनी ईमानदारी पर भरोसा रखते हुए स्वयं को सुरक्षित महसूस करते थे।

सरकार के अधीन संचालित किए जा रहे संगठनों में क्रय का कार्य लगातार मुश्किल होता जा रहा है। हम नियमों, प्रक्रियाओं, औपचारिकताओं का पालन करते हुए फाइलों में उलझे पड़े हैं और इस प्रकार निरंतर भ्रष्टाचार को ही बढ़ावा दे रहे हैं। ऐसा लगता है जैसे क्रय की जानेवाली वस्तु की गुणवत्ता के कोई मायने ही नहीं हैं, औपचारिकताएँ पूरी कर लेना ही पर्याप्त है। पच्चीस वर्षों की सेवा पूर्ण कर चुकने के बाद भी अभी यह व्यवस्था मेरी समझ में नहीं आई है। यहाँ मुझे रेलवे स्टाफ कॉलेज, वडोदरा के फाउंडेशन कोर्स की याद आती है, जो सेवा में आनेवाले सभी अभ्यर्थियों को पूर्ण करना होता है। वित्त विषय के प्राध्यापक ने सबसे पहले हमें वित्तीय सदाचार के सिद्धांतों के बारे में बताया। पहला वित्तीय सिद्धांत यह था कि सरकारी पैसे को अपना पैसा समझकर ही खर्च किया जाना चाहिए। क्या बकवास है! क्या कभी हमें ऐसा करने दिया जाएगा? जब हम अपने घर के लिए कोई वस्तु खरीदने के लिए जाते हैं तो निश्चित रूप से अच्छी-से-अच्छी और भरोसेमंद ब्रांड की वस्तु ही खरीदते हैं, ताकि हमारे

पैसे का वास्तविक मूल्य ज्यादा-से-ज्यादा मिल सके; लेकिन कार्यालय के लिए वही वस्तु खरीदनी हो तो हम कोई भी वस्तु, चाहे जिस ब्रांड की हो, खरीद लेते हैं; जबकि उस घटिया वस्तु के लिए हम कीमत भी अपेक्षाकृत ज्यादा देकर आते हैं। आखिर ऐसा क्यों? दूसरी बात, कोई व्यक्ति अपना स्वयं का पैसा कहीं भी, स्टॉक मार्केट में भी, लगाकर जोखिम ले सकता है। क्या सरकारी पैसे के साथ भी आप ऐसा कर सकेंगे? करके तो देखिए! भले आपके इरादे कितने ही नेक क्यों न हों। इस प्रकार, वित्त से संबंधित उपर्युक्त सिद्धांत के बावजूद हम सरकारी पैसे को हम अपना स्वयं का पैसा समझकर उपयोग में नहीं ला सकते।

जैसा पहले उल्लेख किया गया है, यदि सर्वोच्च प्रबंध पूरी तरह से चाह ले और व्यक्तिगत रूप से दिलचस्पी लेते हुए प्रयास करे तो भ्रष्टाचार निश्चित रूप से मिटाया जा सकता है। दिल्ली हवाई अड्डे के अंतरराष्ट्रीय डिपार्चर टर्मिनल पर भारतीय पर्यटन विकास निगम एक रेस्त्राँ चला रहा है। रेस्त्राँ कहीं भी स्थित हो— विशेषकर हवाई अड्डों पर—उसका घाटे में चलने का सवाल ही नहीं उठता; क्योंकि यहाँ बेची जानेवाली सभी वस्तुओं पर अच्छा सीमांत लाभ मिलता है; उदाहरण के लिए—बिसलेरी की बोतल, जिसका खुदरा मूल्य अंकित मूल्य से पाँच गुना ज्यादा रखा गया है। किंतु इसके बावजूद अंतरराष्ट्रीय डिपार्चर टर्मिनल पर स्थित यह रेस्त्राँ लंबे समय से घाटे में चल रहा है। जाहिर सी बात है कि उसके घाटे में चलने का पूरा-पूरा श्रेय भ्रष्ट अधिकारियों-कर्मचारियों को ही जाता है और निगम द्वारा चलाए जा रहे प्रतिष्ठानों में ऐसे भ्रष्ट अधिकारियों-कर्मचारियों की भरमार थी। ये अधिकारी-कर्मचारी खुले हाथ से निगम का पैसा निकालकर खा रहे थे। इसका पता इसी तथ्य से चल जाता है कि रेस्त्राँ में कार्यरत स्टाफ अपनी स्वयं की कार में चल रहा था, जबकि कोई भी समझ सकता है कि उस स्तर और श्रेणी का कोई सरकारी कर्मचारी अपनी आय से कार जैसी विलासिता की वस्तु नहीं खरीद सकता, जब तक वह भ्रष्टाचार का सहारा न ले।

एक दिन सुबह मैंने सोचा कि अब बहुत हो गया, आज चलकर रेस्त्राँ

की खबर लेनी चाहिए। रामपाल, जो मेरे एक अति विश्वासपात्र सहायक थे, को साथ लेकर मैं रेस्त्राँ में पहुँच गया। रेस्त्राँ के कर्मचारियों-अधिकारियों को हमारे इरादे का अंदाजा लगाने में देर नहीं लगी, क्योंकि अब तक प्रायः सभी कर्मचारी समझ गए थे कि मैं रामपाल को अपने साथ क्यों ले जाता हूँ। इधर मैंने रामपाल से पहले से ही चार ऐसे विश्वासपात्र सतर्कता अधिकारियों को तैयार रखने के लिए कह दिया था, जो आवश्यकता पड़ने पर तत्काल वहाँ पहुँच सकें। रेस्त्राँ में पहुँचकर मैंने लेखा पुस्तिकाओं तक की भलीभाँति जाँच की और उसके बाद निर्देश दिया कि अगले दस दिनों तक एक सतर्कता अधिकारी नकद काउंटर पर स्वयं उपस्थित रहेगा। फिर क्या था, अगले ही दिन रेस्त्राँ का टर्नओवर नाटकीय ढंग से बढ़ गया और दस दिनों के भीतर स्थिति बिलकुल सुधर गई। सचमुच, रेस्त्राँ से भ्रष्टाचारी तत्त्वों को बाहर कर दिया गया; रेस्त्राँ के आलसी और भ्रष्ट प्रबंधक को हटाकर उसके स्थान पर कनिष्क होटल के एक प्रधान बावरची को नियुक्त कर दिया गया। अब मैंने रेस्त्राँ को वहाँ से हटाने का इरादा छोड़ दिया था।

शास्त्री भवन स्थित अशोक कैफेटेरिया में भी कुछ ऐसा ही हुआ। चूँकि अशोक कैफेटेरिया अपेक्षाकृत छोटा था, इसलिए उसे भ्रष्टाचारी तत्त्वों से मुक्त कराकर लाभ के रास्ते पर लाने में प्रयास और भी अपेक्षाकृत कम लगा। इसी तरह सतर्कता संस्थाओं की भरमार से संबंधित मेरा अनुभव भी काफी महत्त्वपूर्ण रहा। झारखंड से इंजीनियरिंग ठेका प्राप्त करने के अपने प्रयास के दौरान मैंने भारतीय पर्यटन विकास निगम के एक वरिष्ठ अभियंता को आश्वासन दे दिया था कि जिस दिन संविदा (ठेका) पर हस्ताक्षर होंगे, उसी दिन उसकी पदोन्नति हो जाएगी। इसमें कोई और शर्त नहीं रखी गई थी, जबकि उसके खिलाफ जाँच और सतर्कता के कुछेक मामले भी चल रहे थे। मेरा सदैव यही विश्वास रहा था कि किसी वाणिज्यिक संगठन का मूल उद्देश्य वाणिज्य को आसान बनाना होता है और मुख्य कार्यकारी अधिकारी का कार्य है वाणिज्यिक कार्य-संपादन सुनिश्चित करना। मुख्य कार्यकारी अधिकारी का कार्य सतर्कता अधिकारी की भूमिका निभाना नहीं होता,

लेकिन यदि वाणिज्यिक कार्य-संपादन के रास्ते में भ्रष्टाचार संबंधी कोई गतिविधि आती है तो तत्कालीन दंडात्मक कारवाई की जा सकती है। इस सिद्धांत के साथ कोई समझौता नहीं किया जाना चाहिए। किंतु जब मैंने उस अभियंता को पदोन्नति देने की बात की तो भारतीय पर्यटन विकास निगम के सतर्कता विभाग ने उसके खिलाफ चल रहे सतर्कता मामलों की ओर संकेत करते हुए एक पत्र तैयार किया। वैयक्तिक विभाग ने भी एक पत्र लिखते हुए आपत्ति जताई कि अन्य वरिष्ठ अधिकारियों की अनदेखी करके ऐसा नहीं किया जा सकता। किंतु निगम के अध्यक्ष एवं प्रबंध निदेशक की हैसियत से मैंने इन दोनों ही टिप्पणियों को खारिज कर दिया। एक असंतुष्ट सतर्कता अधिकारी ने मेरे निर्णय के खिलाफ शिकायत करते हुए तुरंत मुख्य सतर्कता आयुक्त को पत्र लिख दिया। मैंने उस (सतर्कता) अधिकारी को निलंबित करके उसके खिलाफ आरोप-पत्र जारी कर दिया। मेरी इस कारवाई से पूरे निगम में यह संदेश पहुँच गया कि कार्य-संपादन ही सर्वोपरि है और ऐसे लोगों को छोड़ा नहीं जाएगा, जो इसमें लापरवाही करते हैं।

इस प्रकार, मुझे यह भी पता चल गया था कि जल्दी-से-जल्दी अमीर बनने का सपना देखनेवाले लोगों के लिए निगम का सतर्कता विभाग सबसे अच्छा विभाग बन गया। शास्त्री भवन और पालम हवाई अड्डे सहित अन्य विभिन्न स्थानों के प्रतिष्ठानों में भी कुछ इसी तरह का अनुभव मिला। इन अनुभवों से मैंने यही निष्कर्ष निकाला कि भ्रष्टाचार जैसी बुराई का पता बाद में लगाकर उसकी जाँच-पड़ताल में ही उलझे रहते, इससे अच्छा है कि ऐसी सतर्कता व्यवस्था तैयार की जाए, जो इस प्रकार की घटना को घटित होने से पहले ही रोकने में सक्षम हो। घटना घट जाने के बाद उसकी जाँच-पड़ताल में समय ज्यादा लग जाता है और इस प्रकार उसकी प्रभावशीलता भी समाप्त हो जाती है। ऐसे में मुझे पूरी तरह से विश्वास हो गया है कि वर्तमान सतर्कता ढाँचे की हमारी व्यवस्था में कोई सकारात्मक भूमिका नहीं है, अत: उसे जल्दी-से-जल्दी बदले जाने की आवश्यकता है।

□

7

उत्साह और लगन

उत्कृष्टता हासिल करने के लिए जरूरी है कि जो भी कार्य किया जाए, उसे पूरे जोश और लगन से किया जाए। यह जोश या उत्साह एवं लगन जगाने के लिए जरूरी है कि हम वर्तमान में जीने की कला सीखें। अब यहाँ प्रश्न उठता है कि 'वर्तमान में जीने की कला' का अर्थ क्या है? हमें अपने अतीत से सीख लेते हुए वर्तमान में जीना चाहिए और वर्तमान में जीते हुए भविष्य की योजना बनानी चाहिए—सफल और सुखद जीवन का यही मूल मंत्र है। लेकिन क्या हम इस सरल से मंत्र को भी अपने कार्य-व्यवहार में उतार पाते हैं? पहले मैं अपनी ही बात करता हूँ। मैं अकसर अतीत के सुखद और सफल क्षणों में खो जाता हूँ और ऐसा प्राय: तब होता है, जब किसी अप्रिय स्थिति में पड़ जाता हूँ और मुझे लगता है कि मैं कुछ खो रहा हूँ। ऐसा सामान्यतया उन लोगों के साथ होता है, जो कहते हैं कि उनका वर्तमान उनके अतीत जितना अच्छा नहीं है; इस प्रकार वे अपने वर्तमान को भी गँवा बैठते हैं।

कार्य में उत्साह और लगन को कैसे बढ़ाया जाए? अपने कार्य के प्रति लगाव एवं प्रेम विकसित करके और जो भी कार्य किया जाए, उसे एकाग्रचित्त होकर करने की आदत डालकर। अपने कार्यालय संबंधी कार्यों में यह रणनीति अपनाकर देखिए, आपकी कार्य-शैली, सोच, छवि और कार्य-संपादन की कला अपने चरम पर पहुँच जाएगी। एक उत्साही व्यक्ति अपने

व्यवहार और कार्य-शैली से सबको खुश कर देने की क्षमता रखता है। उसकी कार्य-क्षमता भी अन्य लोगों की अपेक्षा उम्र के साथ देर से ही कम होती है। सचमुच, ऐसा व्यक्ति आत्मविश्वास से लबालब भरा रहता है। उसके चेहरे पर उत्साह साफ दिखाई देता है, बच्चों की तरह वह हमेशा नए-नए कार्य करने के लिए उद्यत दिखाई देता है। जो व्यक्ति स्वभाव से ही उत्साही है, वह अपने दफ्तर या संगठन के कार्यों में ही नहीं बल्कि घर में अपने बच्चे के साथ शतरंज खेलने और अपनी पत्नी के साथ बाजार जाकर घर के लिए सामान खरीदने जैसे कार्यों में भी उत्साह दिखाता है। कुछ लोग तो अपने हर काम को एक बोझ या मजबूरी समझकर उसमें लगे रहते हैं; सचमुच ऐसे लोग अपने जीवन को भी बोझ समझने लगते हैं। ऐसे लोग अपने आस-पास के लोगों पर भी बुरा असर डालते हैं; हालाँकि कुछ अति उत्साही लोग ऐसे भी होते हैं, जो इनसे प्रभावित नहीं होते। मेरे अधिकतर सहकर्मी अपने दफ्तर या दफ्तर के कार्य को एक अपरिहार्य समस्या के रूप में देखते हैं। वे दफ्तर जाते हैं तो बस यही सोचकर कि उन्हें दफ्तर जाने के लिए वेतन मिलता है—दफ्तर में काम करने या काम को निपटाने के लिए नहीं। वे अपने कार्य, अपने संगठन, यहाँ तक कि अपने देश के प्रति भी, कोई उत्साह या लगाव नहीं रखते। हाँ, शिकायतों की कमी नहीं होती उनके पास। उनकी सोच निराशावादी होती है और वे सभी को घूरती निगाहों से देखते हैं। ऐसे लोग ही हमारी व्यवस्था को खोखला बना रहे हैं; सचमुच ऐसे नकारात्मक लोगों को व्यवस्था से बाहर कर देने में कोई हर्ज नहीं है, क्योंकि इनके बाहर हो जाने से हमारी व्यवस्था बेहतर हो सकती है। इसका एक महत्त्वपूर्ण प्रभाव यह पड़ेगा कि संगठन/व्यवस्था में मौजूद एक अकेला उत्साही अधिकारी भी बड़े-से-बड़े आलसी कर्मचारी में उत्साह भर सकेगा।

कार्यालय में सफलता प्राप्त करने के लिए जरूरी है कि हम पूरे कार्य-परिवेश में स्वयं को उत्साहपूर्वक संलग्न रखें। जब हम पूरे कार्य-परिवेश में उत्साहपूर्वक स्वयं को संलग्न कर लेते हैं तो हमारा कार्य जैसे हमारे रक्त में संचरित होने लगता है और फिर हम अपनी खुली आँखों से भी

अपने कार्य के सपने देखना शुरू कर देंगे। इस प्रकार स्वयं को अपने कार्य में संलग्न कर लिया तो सफलता निश्चित है। सचमुच, मैं तो हमेशा यही मानता आया हूँ कि सपने देखना ही सफलता प्राप्त करने का सबसे अच्छा रास्ता है। यदि हमने अपने दफ्तर संबंधी कार्य-परिवेश के सपने देखना शुरू कर दिया, लेकिन ये सपने किसी गलती या अपराध के कारण उत्पन्न डर को लेकर नहीं होने चाहिए, तो समझो कि हमने आधी लड़ाई जीत ली। कुछ ऐसे लोग भी हैं, जिनके लिए जीवन सदैव खुशियों और सुखद अनुभवों से भरा होता है—चाहे वे कार्यालय में हों, घर में हों या फिर मित्रों-संबंधियों के साथ बाहर हों।

मुझे अपने एक वरिष्ठ अधिकारी की बात याद है, जिसने लगभग बीस वर्ष पहले मुझे बताया था कि उसके जीवन का सबसे अच्छा समय वह था, जब वह रोज सुबह कार्यालय पहुँचकर अपनी कुरसी पर बैठा करता था। उस समय उसे यही लगता था कि अपनी दुनिया का मालिक वह स्वयं है; यह सोच उसे संतुष्टि प्रदान करती थी, जिससे वह अपने कार्य उत्कृष्टता से कर पाता था। उसका सुबह का उत्साह और ताजगी दिन भर बनी रहती थी; शाम को जब वह घर वापस आता तो अपनी पत्नी और बच्चों के साथ भी वही उत्साह और ताजगी दिखाता। इसी उत्साह और ताजगी के साथ वह अपने शयन-कक्ष में भी जाता था, जिससे उसका वैवाहिक जीवन भी खुशहाल बना हुआ था। सचमुच, वह खुश है, संतुष्ट है और हमेशा ऐसा ही बना रहेगा।

□

8

कीमत अदा करने के लिए तैयार रहें

हमारे जीवन की यात्रा भी इकहरे लेनवाले राजमार्ग पर गाड़ी चलाने जैसी ही है। इस नई परिभाषा को समझने और स्वीकार करने के लिए इकहरे लेनवाले किसी मार्ग पर गाड़ी चलाकर देखना पड़ेगा। किसी इकहरे लेनवाले मार्ग पर एक-दूसरे की विपरीत दिशा से आ रहे दो वाहन जब एक-दूसरे के निकट पहुँचते हैं तो उनमें से किसी एक वाहन को सड़क से नीचे उतरना पड़ता है। ऐसे में जरूरी नहीं कि जो वाहन अपेक्षाकृत कम साहसी और कम कुशल है, उसे ही नीचे उतरना पड़ता हो। पूर्वी रेलवे में तैनात एक युवा रेलवे अधिकारी के रूप में मुझे प्राय: नियमित रूप से अपने बॉस, यानी मंडल रेल प्रबंधक से मिलने के लिए पतरातू से महिंद्रा एमएम-540 जीप चलाते हुए धनबाद जाना पड़ता था। पतरातू से धनबाद के बीच की दूरी 200 किलोमीटर है। बिहार की इकहरी लेनवाली सड़कें इतनी खस्ताहाल थीं कि कहीं-कहीं तो सड़क दिखाई ही नहीं देती थी। हाँ, मिट्टी और कीचड़ जरूर दिखाई देते थे। लेकिन मेरी अतिसाहसिकता के चलते आमने-सामने आने पर ट्रकों को ही कीचड़ में उतरना पड़ता था, क्योंकि स्थान कम होता था और मैं अपनी गाड़ी कभी नीचे नहीं उतारता था। जी हाँ, वाहन चलाने की मेरी शैली सचमुच जोखिमपूर्ण थी; कई बार हमारी गाड़ियों के बीच मुश्किल से बीस फीट यानी 2 सेकंड का फासला ही रह जाता था, जब सामनेवाला (चालक) अपनी गाड़ी नीचे उतारता था।

नौकरशाहों में 'साहस' शब्द का प्रयोग बहुत सुनने को मिलता है। प्राय: सभी नौकरशाह अपनी-अपनी साहसिकता की बात करते हैं। आमतौर पर उनके बीच जो बातें होती हैं, उनमें वे यही चर्चा करते हैं कि किस तरह वे साहस न रखने के कारण किसी स्थिति विशेष में उलझ गए थे। दूसरों को निराश करने के लिए किसी स्थिति विशेष को लेकर उनमें दोष निकालना और उनकी दृष्टि में अपनी झूठी प्रतिष्ठा बनाने का निरर्थक प्रयास करना—ये एक नौकरशाह के सामान्य गुण हैं। किंतु ऐसे लोग समय की परीक्षा में खरे नहीं उतर पाते; क्योंकि जब उनके सामने कोई जटिल स्थिति आती है, जिससे निपटने के लिए साहस की आवश्यकता हो तो वे टूट जाते हैं। एक साहसी व्यक्ति अपनी क्षमता-कुशलता की डींग कभी नहीं हाँकता। सचमुच, ऐसा साहसी व्यक्ति निडर होकर और परिणाम की चिंता किए बिना वही कार्य करता है, जो वह स्वयं उपयुक्त समझता है। ऐसा व्यक्ति किसी के दबाव में आकर अपना निर्णय कभी नहीं बदलता। इस मामले में वह अपनी स्वयं की या अपने परिवार की चिंता भी नहीं करता। अर्थात् साहसी व्यक्ति वही है, जो किसी से भी न डरे, सिवाय अपनी अंतरात्मा और ईश्वर के। यह निडरता समय के साथ-साथ धीरे-धीरे विकसित की जानी चाहिए। किंतु यहाँ मुख्य बात अंतरात्मा अथवा अंतर्मन की है। व्यक्ति निर्भीक होकर कार्य तभी कर सकता है, जब अपने अंतर्मन के अनुसार सही रास्ते पर चल रहा हो। आज हम हर क्षेत्र में डरपोक लोगों को देख सकते हैं, जो अपने बॉस या अन्य प्रभावशाली अथवा शक्तिशाली लोगों से, माफियाओं से डरे हुए रहते हैं, कहीं उन्हें पहचान न लिया जाए या जो कार्य वे कर रहे हैं, कहीं वह गलत न हो। सचमुच, ऐसे लोग भय के साए में ही जीते हैं—अज्ञात भय के साए में। सरकारी कार्यालयों में तो एक आम बात है। स्वतंत्र होकर निर्णय लेने की हिम्मत न रख पाना, अपनी बात अथवा स्थिति को पूरे विश्वास के साथ दृढ़ता से न रख पाना—ये एक आदर्श प्रबंधक के गुण माने जा रहे हैं। लेकिन क्या इससे कार्य-संतुष्टि मिलती है? निश्चित रूप से नहीं। इससे अल्पकालिक सफलता भले ही मिल सकती है, लेकिन आंतरिक संतुष्टि

बिलकुल नहीं मिल सकती।

किशोरावस्था में मेरे भीतर ऐसा कुछ नहीं था, जिससे मुझे साहसी कहा जा सकता। मैं हमेशा डरा रहता था—स्कूल में दबंग लड़कों से, अँधेरे में भूत से, घर में पिताजी से। जी हाँ, प्रत्येक चीज से डरा रहता था; परंतु सबसे ज्यादा अँधेरे में भूत से डरता था। यह खौफ मेरे चेहरे पर भी साफ देखा जा सकता था। यहाँ तक कि जब सीनियर कैंब्रिज पूर्ण करने के बाद मैं स्कूल से निकला तो मेरे कनिष्ठ बैच के लड़कों ने मेरा नाम 'फ्रेजर का खौफ' रख दिया था। मुझे याद है, मैंने भय के साए से निकलने की बहुत कोशिश की, पर निकल नहीं सका; क्योंकि मैं उसका सामना नहीं कर पाता था। संभवत: उन दिनों मैं यह नहीं मानता था कि साहस का संबंध मन से है। मैं तो यही समझता था कि साहस का संबंध बाहुबल से ही है। लेकिन वह समय भी बड़ा अजीब था। जब भी मैं भय की स्थिति में पड़ता था, मैं उससे निकलने के लिए कोई भी रास्ता अपनाने को तैयार हो जाता था। मैं अपने विरोधियों, खासकर स्कूल के दबंग लड़कों, से केवल स्वप्न में ही जीत पाता था। लेकिन उसी दौरान एक दिन मुझे लगा कि अब बहुत हो गया, अब मुझे अपने भय पर काबू पाना ही होगा। सर्दियों का समय था। शाम को सात बजे, जब प्राय: अँधेरा हो चुका था, मैं पास की दुकान से अभ्यास पुस्तिका खरीदने के बहाने घर से निकल गया। लेकिन घर से मैं सीधा मुसलमानों के कब्रगाह की ओर बढ़ गया, वह भी बिलकुल अकेला। आखिरकार मैं अपने मन में बैठे भय के भूत को भगाने में धीरे-धीरे सफल हो रहा था। सचमुच, बहुत भयानक अनुभव था, लेकिन साहस जुटाकर मैं एक कब्र के ऊपर जाकर बैठ गया और वहाँ एक घंटे तक बैठा रहा। मुझे भीतर-ही-भीतर ऐसा लग रहा था कि अभी भूत आएगा और मुझे उठाकर अपनी दुनिया में ले जाएगा। मन में इस प्रकार का विचार आने के बाद मेरा वहाँ से भाग जाने का मन कर रहा था; लेकिन मैं हर बार स्वयं को रोक लेता था। खैर, कुछ देर के बाद मुझे लगा कि अब मेरे मन से भय का भूत बाहर निकल चुका है और इस प्रकार मैं निर्भीक होकर इधर-उधर टहलने लगा और हर कब्र के पास

पहुँचकर वहाँ लिखे शब्दों का अर्थ लगाने की कोशिश करने लगा। सचमुच, इस साहसपूर्ण कदम से मैंने अपने मन में बसे भय को बाहर निकाल दिया था। इस प्रकार मैं एक डरपोक लड़के से अब एक साहसी व निर्भीक लड़का बन गया था और मेरे साथियों ने भी मेरे भीतर आए इस बदलाव को देखा।

जी हाँ, भय पर काबू पाने के लिए साहसपूर्ण कदम उठाना जरूरी है। यदि अपने हर काम में हम इस तरह के साहसपूर्ण कदम उठा सकें तो हम पूरी तरह से निर्भीक बन सकते हैं। गूटी (Gooty) के रेलवे कस्बे में अपनी पहली तैनाती के दौरान, जब मेरी उम्र 22 वर्ष थी, मैं रात में चक्कर लगाया करता था। यहाँ तक कि चोरों, जो डीजल लोकोमोटिव शेड से पीतल की वस्तुएँ चुराकर मद्रास में बेच दिया करते थे, को पकड़ने के लिए रेलगाड़ी में भी चढ़ जाता था। मेरे बॉस सी. चिन्नादुरई ने मुझे समझाया भी कि इस तरह जोखिम लेना ठीक नहीं। उन्होंने कहा कि ये चोर बहुत तेज होते हैं, कहीं ऐसा न हो कि किसी दिन तुम किसी मुसीबत में फँस जाओ। तैनाती स्थल से लगभग 40 किलोमीटर की दूरी पर स्थित गुंटाकाल (Guntakal) में डिवीजन ऑफिसर्स क्लब का मेरा साप्ताहिक दौरा भी कम दिलचस्प नहीं रहता था। उस समय मेरे पास एक बुलेट मोटरसाइकिल थी, जिसे चलाकर मैं गुंटाकाल पहुँचा करता था। रास्ता बहुत खतरनाक था और रात में करीब एक बजे मुझे गुंटाकाल से वापस आना पड़ता था। सचमुच, इस जोखिमपूर्ण यात्रा में मेरा जोश जैसे दोगुना हो जाता था और मैं निर्भीक होकर अपनी मोटरसाइकिल चलाता था।

विवाह के लगभग बाद ही मेरी तैनाती रेलवे के सीनियर डिवीजन मेकैनिकल इंजीनियर के रूप में पतरातू में हो गई थी। इस स्थान का मैं खुलकर वर्णन नहीं कर सकता, क्योंकि ऐसा करना किसी लोकप्रिय हैबीटेट के सिद्धांतों के विरुद्ध होगा। यह एक रेलवे कस्बा है, जहाँ करीब 3,000 कर्मचारी रहते थे। यहाँ रोटी जैसी वस्तु भी राँची से मँगवानी पड़ती थी—जी हाँ, विवाह के बाद, मानो हनीमून के लिए मुझे यहीं तैनाती मिली। यह स्थान वर्तमान झारखंड का हृदय-स्थल है, जहाँ नक्सलवादियों का राज चलता है।

पतरातू कस्बा चारों ओर से ऐसे समुदायों से घिरा हुआ था, जो पेशेवर चोर थे। चोरी एवं लूटमार ही उनका पेशा था और बहुमूल्य वस्तुओं से भरा पड़ा एक डीजल लोकोमोटिव शेड चोरों का पसंदीदा स्थान होता है। वैसे मैं विवाह के बाद का प्रथम वर्ष बिताने के लिए कोई सुंदर और सुखद स्थान ज्यादा पसंद करता। खैर, पतरातू पहुँचने के कुछ दिन बाद ही मेरे साथ एक अजीब घटना घटी। कुछ स्थानीय माफिया मेरे कार्यालय में आए और मुझसे मिलने की बात कहने लगे। मैंने उनसे मिलने से इनकार कर दिया। कार्यालय के बाहर लगभग छह घंटे तक प्रतीक्षा करने के बाद वे शाम को करीब चार बजे मेरे चैंबर में घुस आए और जोर-जोर से चिल्लाने लगे। वे मुझे गालियाँ देते हुए धमकी दे रहे थे कि यदि मैंने उनकी माँगों पर ध्यान नहीं दिया तो वे मुझे और मेरी पत्नी दोनों को उड़ा देंगे। इस धमकी से मैं एक बार तो सकते में आ गया था। वैसे मैं बिहार के प्रशासन की अक्षमता से भली-भाँति परिचित था, इसलिए मुझे लगा कि स्थानीय पुलिस की ओर से इस संबंध में किसी मदद की उम्मीद नहीं की जा सकती। मैं साहस करके हजारीबाग के पुलिस अधीक्षक को फोन करने और उनसे सुरक्षा माँगने की बात सोचने लगा। लेकिन तभी मैंने सोचा—आखिर पुलिस सुरक्षा मुझे कब तक मिलती रहेगी ? क्या मेरे पतरातू में रहने तक पुलिस मुझे सुरक्षा देती रह पाएगी ? इन प्रश्नों का उत्तर मुझे 'नहीं' में ही मिल रहा था। मुझे लगा कि मुझे कोई स्थानांतरण आदेश मिलने तक पतरातू में ही रहना है और मैं जानता था कि ऐसे स्थानों, जो पूरी तरह से राम-भरोसे ही चल रहे होते हैं, पर तैनात अधिकारियों को स्थानांतरण आदेश भी बहुत मुश्किल से ही मिलता है। माफिया सदस्यों की धमकी पर विचार करते हुए मैं स्थिति का विश्लेषण करने लगा। तभी अचानक मैं अपनी कुरसी पर से उठा और एकदम बोल पड़ा, "मैं शाम को अकेले घर जाऊँगा, तुम लोगों को जो करना हो, कर लेना।" कार्यालय से मेरे घर की दूरी करीब 4 किलोमीटर थी और रास्ता भी बिलकुल वीरान था। अकेले घर जाने की बात कहकर मैंने एक खुली चुनौती रख दी थी। खैर, शाम को 6.30 बजे मैं घर के लिए अकेले चल पड़ा।

भीतर से मैं डर तो जरूर रहा था, लेकिन अब पासा फेंका जा चुका था। मेरी बात सुनकर माफिया सदस्य वहाँ से चले गए थे और शाम को, जैसा मैंने कहा था, मैं अकेला चलकर घर पहुँच गया। अगले दिन मैं कस्बे का बेताज बादशाह बन गया था, क्योंकि माफिया सदस्य दोबारा वहाँ नहीं देखे गए। मेरी इस दिलचस्प जीत के पीछे मेरा साहस ही था।

मेरे बचपन के एक घनिष्ठ मित्र सुबोध कटियार का अभी करीब चार वर्ष पहले असमय निधन हो गया; वह दिन मेरे जीवन के सबसे दुःखद दिनों में से था। वह मेरे मित्र ही नहीं, बल्कि मेरे लिए मेरे भाई से कम नहीं थे; पूरी दुनिया भी यदि मुझे छोड़ देती तो भी वह मेरा साथ छोड़नेवाले नहीं थे। वह निर्भीकता और साहस की प्रतिमूर्ति थे। पाँच फीट छह इंच की ऊँचाई और करीब पैंसठ किलोग्राम वजन के शरीर के साथ उनका व्यक्तित्व कुछ ऐसा नहीं था कि वे असामाजिक तत्त्वों से अकेले निपट सकते। उनके बाजू भले ही बहुत शक्तिशाली नहीं थे, लेकिन उनके भीतर गजब का साहस था। ऐसा साहस, जो कभी भी और कहीं भी उनका साथ नहीं छोड़ता था। वह कानुपर के एक व्यवसायी परिवार से थे और उनके पिता या भाइयों को जब भी किसी से कोई समस्या होती थी, वे तुरंत सुबोध को याद करते थे। ऐसा नहीं है कि सुबोध स्वयं में कोई गुंडा या बदमाश थे; बस, वह एक निर्भीक और साहसी व्यक्ति थे, जो कभी किसी से भी नहीं डरते थे। वस्तुतः सुबोध ने ही अपने व्यक्तिगत कार्य-व्यवहार से मुझे यह सिखाया कि व्यक्ति की शक्ति उसके बांजुओं में नहीं बल्कि उसके मन में होती है, जो साहस के रूप में होती है। एक निर्भीक व्यक्ति से ही पूरी दुनिया भय खाती है।

चाणक्यपुरी, नई दिल्ली स्थित रेल संग्रहालय में अपनी तैनाती के दौरान मुझे अपनी निर्भीकता और साहसिकता दिखाने के कई अवसर मिले। इनमें से कई अवसर तो ऐसे थे, जिनमें मेरी जान को भी खतरा था। वर्ष 1994-95 का वह समय था, जब ट्रांजिस्टर और पानी की बोतलों में बम रखने की घटनाएँ बहुत हो रही थीं। उसी दौरान नवंबर 1994 की एक घटना मुझे अच्छी तरह याद है, जब संग्रहालय में आए एक दर्शक ने सूचना दी कि

पार्किंग स्थल पर खड़े उसके स्कूटर में संदिग्ध सी दिखाई देनेवाली पानी की एक बोतल लटक रही है। बम को निष्क्रिय करनेवाले दल की काफी देर तक प्रतीक्षा करने के बाद मैंने मामला अपने हाथ में ले लिया; जबकि मेरे अपने रेलवे सुरक्षाकर्मी और चाणक्यपुरी पुलिस थाने के पुलिसकर्मी बड़ी संख्या में वहाँ मौजूद थे। मुझे उस भीड़ की चिंता थी, जो संग्रहालय में इकट्ठा हुई थी। सचमुच, भीड़ में उपस्थित सभी लोग डरे हुए थे कि स्कूटर में पता नहीं कब विस्फोट हो जाए। मैंने पहले अपने उपनिरीक्षक (आर.पी.एफ.) को संग्रहालय के प्रवेश द्वार पर प्रतीक्षा करने के लिए कहा और फिर साहसपूर्वक स्कूटर की ओर बढ़ने लगा; स्कूटर के पास पहुँचकर मैंने बोतल उठाई और आँखें बंद करके उसे खोल दिया तथा उसे उलट भी दिया। बोतल से जो कुछ निकला, उसमें पानी के सिवाय कुछ नहीं था। संग्रहालय के प्रवेश-द्वार पर इकट्ठा भीड़, जो बम फटने की आशंका से भयभीत थी, एकदम खुशी से उछल पड़ी।

इस घटना के कुछ ही दिन बाद मुझे एक गुमनाम फोन मिला, जिसमें फोन करनेवाला कह रहा था कि फेयरी क्वीन स्टीम लोकोमोटिव इंजन में बम रखा है। उस समय मैं पचकुइयाँ रोड स्थित रेलवे अधिकारी कॉलोनी में रहता था। फोन सुनते ही मैं अपनी बुलेट मोटरसाइकिल पर सवार होकर संग्रहालय के लिए चल पड़ा। वहाँ पहुँचकर मैंने देखा, बड़ी संख्या में पुलिसकर्मी बाहर खड़े थे, लेकिन सबसे पहले भीतर जानेवाला मैं ही था। मैं फेयरी क्वीन लोकोमोटिव पर चढ़ गया और फिर उसके भीतर पहुँचकर मैंने खाकी वरदी धारी पुलिसकर्मियों को खतरे की आशंका न होने का संकेत दिया। इस प्रकार दो बार अपनी जान की परवाह किए बिना मैंने अपनी निर्भीकता का प्रदर्शन किया; लेकिन अब तीसरी बार मैं ऐसा नहीं करना चाहता। शायद यह मेरी खुशनसीबी ही थी कि दोनों ही बार बम की आशंका झूठी निकली। यद्यपि इन घटनाओं के बाद मुझे काफी सम्मान मिलने लगा था, संभवतः यह मेरी दिलेरी का सम्मान था, जो मुझे मेरे अधीनस्थों और वरदीधारी पुलिसकर्मियों की ओर से भी मिल रहा था।

नवंबर 2001 के अंतिम सप्ताह में भी एक दिलचस्प घटना घटी, जब मैं भारतीय पर्यटन विकास निगम के प्रमुख के रूप में कार्य कर रहा था। बाल्को (BALCO) के बाद का समय था वह, जब पूर्ववर्ती सरकार निगम के स्वामित्ववाले होटलों को औने-पौने दाम पर बेचकर लाभ अर्जित करना चाहती थी। मैं आदेशों का कड़ाई से पालन करता हूँ; लेकिन इसके साथ ही मैं मानता हूँ कि यदि किसी सरकारी कर्मचारी को कोई ऐसा आदेश मिलता है, जिसके बारे में उसे लगता है कि आदेश गलत है या वह आदेश को लेकर पूरी तरह आश्वस्त नहीं है तो ऐसे में वह कर्मचारी लिखित और स्पष्ट आदेश की माँग कर सकता है। मामला बंगलौर में अशोक होटल के विनिवेश से संबंधित था और वह भी बहुत ही कम राशि के लिए। वैसे राशि का कम या ज्यादा होना मेरे लिए मायने नहीं रखता था, लेकिन प्रक्रिया के अनुसार चूँकि लेन-देन संबंधी दस्तावेज मुझे ही तैयार करना था, इसलिए इस मामले में किसी की गलती की जिम्मेदारी मेरे ऊपर ही आने वाली थी। परंतु दूसरे लोग इस दृष्टि से नहीं देख रहे थे। वे अपने काम की अच्छाई को लेकर आश्वस्त थे और अपेक्षा रखते थे कि हर कोई चुपचाप और आँखें बंद करके आदेश का पालन करेगा। एक लंबी और जटिल प्रक्रिया के बाद विनिवेश मंत्रालय ने होटल खरीदनेवाली पार्टी का चयन किया था।

यहाँ यह स्पष्ट कर देना जरूरी है कि कुछ निश्चित कारणों से, जिनका उल्लेख मैं यहाँ नहीं कर सकता, मेरे संबंध विनिवेश मंत्रालय के नौकरशाहों के साथ इस हद तक बिगड़ गए थे कि वे मुझे अपने सबसे बड़े शत्रु के रूप में देखने लगे थे। शुरू में मैं लगभग सभी विनिवेश मामलों में उचित और वैधानिक संदेह प्रकट किया करता था, लेकिन मेरे इस प्रकार के सभी कार्यों को 'असहमतिपूर्ण कार्य' करार दे दिया जाता था—कारण मैं अभी तक नहीं समझ सका हूँ। मैं भारतीय प्रशासनिक सेवा अर्थात् आई.ए.एस. रैंक का नहीं था, हो सकता है कि मेरे साथ भेदभाव का यही कारण रहा हो। हालाँकि, जैसा हर कोई मानता था, मेरा कार्य-प्रदर्शन उत्तम रहा था। शायद रेलवे इंजीनियर होने के नाते मैं निविदाओं से संबंधित प्रक्रिया में दक्ष था और

इसी दक्षता के बल पर ही मुझमें विभिन्न युक्तियों पर प्रश्न उठाने की क्षमता आ गई थी। यह बात भी मैं अभी तक नहीं समझ सका हूँ कि यदि इस मामले में कोई निहित स्वार्थ की बात नहीं थी तो संपत्तियों का मूल्यांकन करने और निविदा प्रक्रिया का संचालन करने का कार्य केवल एक ही एजेंसी को क्यों दिया गया था ? दुनिया के किसी अन्य देश में ऐसा नहीं देखा जा सकता। जहाँ तक मेरा मानना है, इसमें कोई-न-कोई स्वार्थ जैसी बात थी, लेकिन मेरे अतिरिक्त किसी अन्य ने इस ओर ध्यान नहीं दिया। मैं इस तथ्य के पीछे के रहस्य का पता नहीं लगा सका हूँ कि जब शुरू में बड़ी संख्या में पार्टियाँ विनिवेश में दिलचस्पी ले रही थीं तो अंत में वित्तीय निविदा के समय केवल एक ही निविदा क्यों दिखाई देती थी ? सचमुच, यह एक आम बात हो गई थी। निगम का मुख्य कार्यकारी अधिकारी अथवा प्रमुख होने के नाते मेरी यह जिम्मेदारी बनती थी कि मैं निगम के साथ कुछ गलत न होने दूँ, जैसाकि हो रहा था। इस प्रकार मेरी चिंता पूरी तरह से जायज थी और सवाल मैं उठा रहा था, उसका मुझे कोई संतोषजनक उत्तर नहीं दिया जा सकता था—ऐसे में मुझे गलत ठहराने के लिए सबसे अच्छी युक्ति निकाली गई, यानी मुझे कार्य में बाधक बता दिया गया। यह बात भी बड़ी अजीब थी कि जब भी विनिवेश संबंधी कोई मामला तूल पकड़ने लगता था, मेरी पत्नी के पास धमकी भरे फोन आने शुरू हो जाते थे, जिसमें कहा जाता था कि वह मुझे बेवकूफी भरा काम करने से रोके। इसके पीछे की सच्चाई मेरे लिए अभी तक रहस्य बनी हुई है। चूँकि मेरे द्वारा बार-बार मौखिक रूप से प्रश्न उठाए जाने से तनाव की स्थिति उत्पन्न हो जाती थी, इसलिए व्यापक परीक्षण-विशेषण के बाद मैंने प्रश्न उठाना ही बंद कर दिया। इस प्रकार पूरी विनिवेश प्रक्रिया में मैं स्वयं एक मूक सहभागी बनता चला गया। एक बार बंगलौर के होटल अशोक के लिए पार्टी का चयन 20 नवंबर के आस-पास किया गया और 29 नवंबर को लेन-देन संबंधी दस्तावेज पर हस्ताक्षर करने की तिथि निर्धारित की गई। दस्तावेज पर हस्ताक्षर करने के लिए सूचना मिलने पर मैंने निगम के सभी वरिष्ठ अधिकारियों से इस मामले पर विस्तार से चर्चा की।

चर्चा के बाद मुझे पता चला कि होटल को बहुत ही कम कीमत पर बेचा जा रहा था—जैसे बेचा न जा रहा हो, बल्कि उपहार में दिया जा रहा हो।

आदेशों का पालन करना मेरा कर्तव्य था; लेकिन साथ ही मेरा यह भी कर्तव्य था कि मैं किसी भी ऐसे आदेश को, जिससे निगम का अहित होने की आशंका हो, आँख मूँदकर न मान लूँ। अत: मैंने ये बातें सरकार के समक्ष रखीं और नए आदेश जारी करने के लिए आग्रह किया। मैंने सोचा कि यदि मैंने दस्तावेज पर हस्ताक्षर कर दिए तो बाद में इसके लिए मुझे ही जिम्मेदार ठहराया जाएगा। इसलिए मैं लिखित आदेश की माँग कर रहा था, जो वास्तविक स्थितियों को ध्यान में रखकर जारी किया जाता। इरादा तो साफ था, पर मामला पेचीदा हो गया। यह बात समझने में मुझे बहुत देर हो गई थी कि हमारे यहाँ देश के प्रति वफादारी करना जोखिमपूर्ण कार्य है। चूँकि मैंने जो भी बातें या आपत्तियाँ उठाई थीं, वे सभी तथ्यों पर आधारित थीं, इसलिए उन लोगों के पास कहने के लिए और कुछ भी नहीं था, सिवाय इसके कि मैं स्वयं भी इस पूरी प्रक्रिया में शामिल रहा हूँ, इसलिए बाद में मुझे असहमति प्रकट करने का कोई अधिकार नहीं है। सचमुच, क्या तर्क था! जी हाँ, कलियुग जो आ गया है।

विनिवेश मंत्रालय के पास मेरे प्रश्नों का कोई उत्तर नहीं था, इसलिए उसने अस्पष्ट प्रत्युत्तर भेज दिया। इसी बीच सौदे की तारीख आ गई और खरीदार ठीक 5.00 बजे अपराह्न ट्रांसपोर्ट भवन पहुँच गया। उधर स्कोप (Scope) कांप्लेक्स स्थित अध्यक्ष के कार्यालय में बैठा मैं लिखित आदेश की प्रतीक्षा कर रहा था। शाम को 5.00 बजे मंत्रालय के सचिव, जिन्हें मैं हमेशा सम्मान की दृष्टि से देखता रहा था और आज भी देखता हूँ, ने मुझसे फोन पर बात की और कहा कि मैं मामले को और आगे न बढ़ाऊँ, क्योंकि इससे मेरी व्यक्तिगत हानि हो सकती है। मैंने इनकार कर दिया। शाम 7.00 बजे एक बार फिर मेरे उज्ज्वल कैरियर की बात कहकर मुझे सचेत किया गया कि किस प्रकार मेरे अपने ही काम से मेरा यह कैरियर बरबाद हो सकता है। इस बार भी मैंने लिखित आदेश की माँग की। मंत्रालय के मेरे अपने बॉस ने भी

फोन पर मुझे समझाने की कोशिश की, वैसे उन्हें मैं अभी तक नहीं समझ पाया हूँ, और मेरे प्रति अपनी चिंता प्रकट करते हुए उन्हें मुझसे दस्तावेज पर हस्ताक्षर करने के लिए कहा। मैंने फिर इनकार कर दिया। शाम को ही, उसके बाद एक बार फिर मुझे यहाँ तक धमकी दी गई कि हस्ताक्षर न करने की स्थिति में मैं अपना बिस्तर बाँधने के लिए तैयार रहूँ; लेकिन मैं अपने निश्चय पर अटल रहा और कह दिया कि मैं जो कुछ कर रहा हूँ, ठीक कर रहा हूँ—भले ही मेरे आलोचकों की दृष्टि में वह गलत हो—और उसके लिए मैं कोई भी कीमत अदा करने को तैयार हूँ। रात 10.00 बजे तक यही सब चलता रहा, अंतत: मंत्रालय की ओर से हस्ताक्षर करने के लिए लिखित आदेश आ गए। तब मैं ट्रांसपोर्ट भवन आया और दस्तावेज पर हस्ताक्षर कर दिए; वहाँ फोटो खिंचवाने की रस्म में मुझे भी भाग लेना पड़ा। देखा जाए तो अस्थायी रूप से मेरे कदम को गलत रूप में लिया गया, लेकिन इससे नुकसान पूरे देश का हुआ। कुल मिलाकर यह बुद्धि और सोच की लड़ाई थी, जिसमें अंतत: साहस की जीत हुई।

मैं अकसर सोचकर हैरान रह जाता हूँ कि यदि उस रात मैं डर गया होता तो क्या होता? उस स्थिति में एक बात तो निश्चित ही थी कि मैं आज भी अपने पद पर बना रहता। हाँ, इस तरह अपना मस्तक ऊँचा करके शायद नहीं चल पाता। सचमुच, उस स्थिति में मेरा पूरा जीवन ही बदल जाता। ऐसा भी तो हो सकता था कि मैं अपनी अंतरात्मा की पुकार को अनसुनी करके उन लोगों के साथ ही मिल जाता, जिनका मैं विरोध कर रहा था; परंतु आज भी मैं यही मानता हूँ कि जो भी हुआ, अच्छा हुआ और यही होना भी चाहिए था। हालाँकि मेरे कुछ निकटतम मित्र और शुभचिंतक ऐसा नहीं मानते। ईमान बेचकर प्राप्त की गई बड़ी-से-बड़ी सफलता या लाभ भी किसी काम का नहीं।

मैं व्यक्तिगत जोखिम भी लेता रहा हूँ। सचमुच, यह मेरा स्वभाव ही है। आर.पी.एफ. के सिपाहियों को बीयर पीते हुए रँगे हाथ पकड़ने के लिए कई बार मैं दीवार भी फाँद जाता था और वह भी रात में दो-दो बजे।

आर.पी.एफ. के सिपाही चाहते तो मुझे किसी मुसीबत में फँसा सकते थे; लेकिन चूँकि मैं अपनी जगह सही था और वे गलत, इसलिए उनका आत्मबल कमजोर और मेरा आत्मबल सशक्त रहता था। अपनी इसी साहसिकता की प्रवृत्ति के बल पर मैं राष्ट्रीय रेल संग्रहालय की चारदीवारी के भीतर शराब या बीयर पीने की बुराई को दूर करने में सफल हो सका था। इस प्रकार, रात्रिकालीन निरीक्षण की अपनी आदत और साहसिकता के चलते मैंने भारतीय पर्यटन विकास निगम के प्रमुख के रूप में लोगों में अपनी एक अलग जगह बना ली थी। इस तरह की दो घटनाएँ मुझे आज भी अच्छी तरह याद हैं। एक घटना तो उस समय की है, जब आधी रात के समय मैंने होटल अशोक में छापा मारकर अपने चार कर्मचारियों को कॉफी शॉप में शराब पीते हुए पकड़ा था। उन चारों कर्मचारियों को मैंने वहीं और उसी समय निलंबित कर दिया था—जी हाँ, रात में मैंने टाइपिस्ट को उसके घर से बुलवाया और चारों कर्मचारियों का निलंबन-पत्र तैयार करवा लिया, ताकि सुबह होने से पहले ही उन्हें निलंबन आदेश जारी किया जा सके और किसी दबाव की स्थिति का सामना भी न करना पड़े। इस घटना के बाद से निगम के होटलों में शराब पीने की बुराई समाप्त ही हो गई। दूसरी घटना उस समय की है, जब मैं अंतरराष्ट्रीय हवाई अड्डे पर दिल्ली की ड्यूटी-फ्री दुकानों के अर्धरात्रि-निरीक्षण पर निकला था। वहाँ मैंने देखा कि कई वस्तुओं पर निर्धारित मूल्य से ज्यादा मूल्य अंकित करके दिखाया जा रहा था। यानी अतिरिक्त राशि जेब में डाली जाने वाली थी! इस बार भी कुछ कर्मचारियों को निलंबित और कुछ अन्य को स्थानांतरित कर दिया गया—बस, समस्या दूर! पूर्ववर्ती मुख्य कार्यकारी अधिकारियों में से किसी ने भी यह सब नहीं किया था। जो कुछ भी मैंने किया, वह व्यक्तिगत जोखिम से भरा था; लेकिन आज भी मैं कहता हूँ कि मौका मिले तो देश/संगठन के हित के लिए मैं ऐसा बार-बार कर सकता हूँ।

भारतीय पर्यटन विकास निगम के वरिष्ठ अधिकारियों का स्थानांतरण करना पूर्ववर्ती निगम प्रबंधनों के लिए बहुत मुश्किल और जोखिमपूर्ण लगता

था, अत: वे इससे बचने की ही कोशिश करते थे। दरअसल, स्थानांतरण आदेश तैयार होते ही संबंधित अधिकारी अपनी राजनीतिक पहुँच का इस्तेमाल करते हुए उसे निरस्त करवा देता था और दिल्ली स्थित निगम के होटल अधिकारियों की राजनीतिक पहुँच होती ही है, राजनेताओं को मुफ्त सुविधाएँ जो उपलब्ध कराई जाती हैं। इस समस्या से सफलतापूर्वक निबटने के लिए मैंने एक अलग रणनीति अपनाई। ट्रांसपोर्ट भवन कार्यालय में अपने व्यक्तिगत कंप्यूटर पर मैं स्वयं ही स्थानांतरण आदेश तैयार करने लगा। ये आदेश मैं निगम के मानव संसाधन विकास के अध्यक्ष को संबोधित करके तैयार करता था, जिनमें संबंधित अधिकारी का स्थानांतरण आदेश जारी करने के समय और उसके कार्यान्वयन के समय का उल्लेख रहता था। सामान्यतया मैं आदेश 9.00 बजे टाइप करता था, जिसमें 11.00 बजे उसे जारी करने और 1.00 बजे उसका कार्यान्वयन करने का निर्देश रहता था। इन चार घंटों के दौरान मैं वहाँ उपस्थित नहीं रहता था। अपना मोबाइल फोन बंद करके मैं अपने पसंदीदा स्थान रेल भवन चला जाता था। इस प्रकार मैं किसी भी प्रकार के दबाव से बचा रहता था। वैसे लोग जान भी गए थे कि मैं किसी भी दबाव के आगे झुकनेवाला नहीं हूँ। अपनी इस छवि को मैंने लगातार बनाए रखा।

ऐसी ही एक और उल्लेखनीय घटना है, जो जनवरी 2002 में कोलकाता में घटित हुई थी। कोलकाता का होटल अशोक विनिवेश की समस्या से जूझ रहा था और चूँकि कोलकाता व्यापार संघ आंदोलन का प्रमुख केंद्र है, इसलिए होटल में काफी असंतोष और अशांति की स्थिति व्याप्त हो गई थी। मैं भलीभाँति जानता था कि झारखंड राज्य के पास काफी अतिरिक्त नकदी है, इसलिए मैंने मुख्यमंत्री की एक बैठक में शामिल होने का निश्चय किया, जिससे मैं पिछले काफी समय से राज्य के विकास कार्यों में स्वयं हस्तक्षेप करने का आग्रह करता रहा था। मुझे राँची होते हुए कोलकाता जाना था; कोलकाता में होटल अशोक में बढ़ते तनाव को देखते हुए मेरे कुछ शुभचिंतकों ने मुझे उसके अतिरिक्त किसी अन्य होटल में ठहरने की सलाह दी। वैसे भी होटल जल्दी ही बिकने वाला था, इसलिए मैंने भी अपने शुभचिंतकों की

सलाह ही बेहतर समझी और उसके अनुसार ही अपनी योजना भी बना ली थी। परंतु होटल अशोक के कर्मचारियों को जब मेरे आगमन की भनक लगी तो वे और सक्रिय हो गए। मुझे उनकी ओर से संदेश मिला कि मैं शहर (कोलकाता) तक नहीं पहुँच सकूँगा, क्योंकि वे होटल के सामने हवाई अड्डे से आनेवाले मार्ग पर धरना देकर बैठे हैं। ऐसे में मेरे सामने दो ही विकल्प थे—रात हवाई अड्डे पर व्यतीत करता या निगम के किसी होटल में ठहरता। काफी सोच-विचार के बाद मैंने निगम के किसी होटल में ही ठहरना बेहतर समझा। होटल के गुस्साए कर्मचारियों की भीड़ द्वारा की जा रही काँच के टुकड़ों की बौछार के बीच मेरी कार होटल के भीतर पहुँची; भीड़ में शामिल लोग होटल की बिक्री के खिलाफ नारे लगा रहे थे। वैसे मेरे लिए यह राहत की बात थी कि मेरे खिलाफ व्यक्तिगत रूप से कोई भी नारा नहीं लगाया जा रहा था। उस समय रात के 10.00 बजे थे और भीड़ में शामिल कर्मचारियों को 11.00 बजे बैठक के लिए तैयार रहने की बात कहकर मैं अपने कमरे में चला गया, फिर तरोताजा होकर खाने के लिए नीचे रेस्त्राँ में आ गया। उसके बाद मैं बैठक कक्ष में पहुँचा। कमरे में होटल के विभिन्न कर्मचारी संघों के लगभग चालीस लोग मौजूद थे। मैंने देखा, एक कार्यालय परिचर धूम्रपान कर रहा था और इस प्रकार वह नियम भंग कर रहा था। मैंने इस मौके का फायदा उठाना चाहा। मैंने धूम्रपान करनेवाले कर्मचारी से एक सिगरेट स्वयं पीने के लिए माँगी; इससे हमारे बीच भाईचारे की भावना उत्पन्न हुई। बैठक 1.00 बजे रात तक चली और अंत में बैठक में उपस्थित सभी लोगों ने सहमति प्रकट की कि मैं जो भी निर्णय लूँगा, वे उसे स्वीकार कर लेंगे। उसके बाद मैं सड़क पर अकेला घूमने लगा—दिखाने के लिए कि मैं किसी भी स्थिति से नहीं डरता और यह भी कि होटल के कर्मचारी मेरे परिवार के सदस्य की तरह हैं, इसलिए वे मुझे कोई हानि नहीं पहुँचा सकते। सुबह जब मैं जाने लगा तो होटल में पुनः आने के लिए बार-बार अनुरोध करते हुए सभी कर्मचारियों ने मुझे भावपूर्ण विदाई दी।

साहसी होने का एक और पहलू भी है। किसी मूढ़ व्यक्ति को उसके

मुँह पर यह कहना कि उसे बहुत साहस की जरूरत है, किसी को सीधे-सीधे और सबके सामने झिड़की देना या किसी भ्रष्ट व्यक्ति को उसके मुँह पर भ्रष्ट कहना भी साहस की बात है। दुर्भाग्य से हमारा नौकरशाही तंत्र ही कुछ ऐसा बना दिया गया है कि उसमें साहस का प्रदर्शन करने की आवश्यकता ही नहीं समझी जाती। हमने अपनी व्यवस्था को इतना दोषपूर्ण बना दिया है कि 'अच्छा' श्रेणी के अंतर्गत आनेवाला एक केंद्रीय सेवा अधिकारी यही मानकर चलता है कि उसे न तो कभी पदोन्नति मिलेगी और न ही उसे कोई विशेष पद अथवा कार्यभार सौंपा जाएगा। क्यों? क्योंकि यहाँ 'अच्छा' का अर्थ 'बुरा' से लगाया जाता है। जी हाँ; लेकिन कितना बड़ा धोखा है! आखिर हम नौकरशाह किसी की सच्चाई उसके मुँह पर क्यों नहीं कह सकते? प्राय: होता यही है कि जो व्यक्ति मौके पर मौजूद नहीं है, वही बुरा है। सचमुच, हम इतने कमजोर हो गए हैं कि अपनी कथनी या करनी तक की जिम्मेदारी नहीं ले सकते।

एक साहसी व्यक्ति अपने जीवन में हजारों बार नहीं मरता। बलशाली और साहसी लोग अपनी खुली आँखों से सपने देखते हुए लड़ाइयाँ जीतते हैं। ऐसे लोग किसी बात अथवा स्थिति पर अटल नहीं रह पाते, क्योंकि वे उस बात या स्थिति के परिणाम से भयभीत रहते हैं। उनका मन कभी आगे जाता है तो कभी पीछे, और इस प्रकार वे किसी निष्कर्ष पर नहीं पहुँच पाते। अंतत: वे जो रास्ता चुनते भी हैं, उसमें विरोध अथवा साहसिकता जैसी बात नहीं होती।

इस अध्याय में मैंने अपने जीवन की कुछ घटनाओं का ही उल्लेख किया है। ऐसी और भी कई घटनाएँ हैं, जिनका उल्लेख किया जा सकता है। इन घटनाओं से मेरे मन का यह विश्वास और भी मजबूत हुआ है कि एक ईमानदार, सच्चे और निष्पक्ष व्यक्ति को डरने की आवश्यकता नहीं होती, और वह इसके लिए कोई भी कीमत चुकाने के लिए तैयार रहता है।

□

9

पैसा बाधक नहीं

धन या पैसे का अर्थ मात्र करेंसी (कागजी) नोट ही नहीं है, बल्कि यह धन या पैसा शारीरिक और मानसिक शक्ति के संतुलित मिश्रण की उपज है। किसी भी देश के लिए ऐसा संभव नहीं कि वह अपनी आवश्यकता अथवा इच्छा के अनुसार जितने चाहे, नोट छापकर अमीर और समृद्ध बन जाए। कोई देश अपने यहाँ उत्पादित वस्तुओं और सेवाओं की मौद्रिक कीमत के बराबर ही नोट छाप सकता है। इस तथ्य को देखते हुए कितना आश्चर्य होता है कि सरकारी कर्मचारी समय-समय पर वेतन में वृद्धि की माँग करते रहते हैं और क्रमिक वेतन आयोगों में उनकी माँग को स्वीकार भी कर लिया जाता है। सच पूछा जाए तो यदि कर्मचारी वेतन बढ़ाने की माँग करते हैं तो इसका सबसे अच्छा तरीका यही होना चाहिए कि उनके कार्य में भी वृद्धि की जाए, इस प्रकार स्वत: ही उनकी आय बढ़ जाएगी, जैसे जापान आदि देशों में होता है; लेकिन हमारे देश में तो इसका उलटा ही होता है। विभिन्न देशों की अपनी यात्राओं के दौरान मैंने अलग-अलग देशों में देखा कि किस प्रकार वे अपना प्रबंधन करते हैं। जितना काम हम भारतीय 50 की संख्या में मिलकर संपन्न करते हैं, उतना ही काम वहाँ अकेला व्यक्ति संपन्न कर लेता है। यही कारण है कि उनकी प्रति व्यक्ति औसत आय और क्रय-शक्ति ज्यादा है। दूसरी ओर, हमारी प्रति व्यक्ति औसत आय और क्रय-शक्ति बहुत कम है, इस कारण हमारा जीवन-स्तर भी बहुत निम्न है।

पैसे अथवा धन की कमी को कोई समस्या नहीं माना जाना चाहिए। पैसा किसी कार्य में बाधक भी नहीं होता। जर्मनी का उदाहरण लेते हैं—सन् 1945 में, द्वितीय विश्वयुद्ध के अंत तक यह देश लगभग पूरी तरह से बरबाद हो गया था। आज देखें, वह कहाँ पहुँच गया है। यदि हमारे देश की वह स्थिति होती, जो द्वितीय विश्वयुद्ध के अंत तक जर्मनी की थी तो आज हमारी क्या दशा होती ? हम इक्कीसवीं शताब्दी में प्रवेश कर चुके हैं, लेकिन आज भी हम विश्व बैंक, संयुक्त राष्ट्र और धनी देशों के सहारे बैठे हैं। समस्या यह है कि हम यह बात समझ ही नहीं पा रहे हैं कि वस्तुओं और सेवाओं के उत्पादन में वृद्धि करना ही नकदी में वृद्धि करना है। जब तक हम कार्य और कार्य-संपादन को महत्त्व देना नहीं शुरू करते तब तक नकदी में वृद्धि का सवाल ही नहीं उठता।

मार्च 2002 दिल्ली के होटल अशोक के लिए एक और निर्णायक समय था। इस दौरान यह तय किया जा रहा था कि भविष्य में इसका विनिवेश किया जाएगा अथवा नहीं और इस मामले पर चर्चा करने के लिए मंत्रिमंडल की एक बैठक बुलाई गई थी। बात चल रही थी कि चूँकि होटल पुराना हो गया है और उसका प्रबंधन भी बहुत खराब है, अत: उसे पुन: मजबूत और लाभदायक बनाने के लिए उसमें काफी धन लगाना पड़ेगा। मंत्रालय की ओर से भी सरकार से 50 करोड़ रुपए की राशि की माँग की गई, जिससे होटल का पुनरुद्धार किया जा सके। मैं स्वयं इस निर्णय से खुश नहीं था, क्योंकि मैं जानता था कि इस प्रकार की माँग उठाने से सरकार बीमार निगम को एक पैसा भी देने के लिए तैयार नहीं होगी, बल्कि उलटा विनिवेश के लिए और ज्यादा दबाव बनाना शुरू कर देगी। मैं जानता था कि होटल को धन से ज्यादा आवश्यकता थी इच्छाशक्ति की, जिसे मैं पूरी कर सकता था। जिस दिन इस प्रस्ताव पर मंत्रिमंडल में चर्चा होनी थी, उस दिन बैठक से ठीक एक घंटा पहले मैं पर्यटन एवं संस्कृति मंत्री जगमोहन के पास पहुँचा। मैंने उनसे कहा, "महोदय, यदि मैं योग्य और कुशल हूँ तो मैं बाजार से आवश्यक पूँजी जुटा लूँगा और फिर होटल के पुनरुद्धार और कुशल प्रबंधन की मदद से मैं वह

पूँजी लौटा भी दूँगा। यदि मैं योग्य और कुशल नहीं हूँ, तो मुझे जो भी धनराशि सरकार की ओर से अनुदान के रूप में मिलेगी, वह डूब जाएगी। बात पैसे की नहीं है, बात है योग्यता और कुशलता की। अतः मेरा आपसे अनुरोध है कि आप सरकार से पैसे की माँग न करें। मैं वादा करता हूँ कि हम किसी बाह्य सहायता के बिना भी होटल को दोबारा लाभ के रास्ते पर ला सकते हैं।'' जी हाँ, जगमोहन मेरी दलील का अर्थ समझ गए और उन्होंने होटल के लिए पैसे की माँग बंद कर दी। इस प्रकार होटल विनिवेश की कुल्हाड़ी के वार से बच गया।

इतिहास में झाँककर देखें तो कई दिलचस्प बातें सामने आती हैं। भारत में पहली रेललाइन सन् 1853 में बिछाई गई और 1962 तक हावड़ा को रेललाइन द्वारा दिल्ली से जोड़ा जा चुका था। इसके अठारह वर्ष बाद यानी सन् 1980 तक चारों महानगरों को रेललाइन द्वारा जोड़ दिया गया। इस प्रकार प्रथम पचास वर्षों में लगभग 80 प्रतिशत भारतीय रेलवे का कार्य पूर्ण हो गया था, जो हम आज देख रहे हैं। सन् 1920 के दशक तक चार हिल स्टेशनों को भी रेलमार्ग द्वारा मैदानों से जोड़ने का कार्य पूर्ण हो गया था। क्या आज इक्कीसवीं शताब्दी में प्रवेश करने के बाद भी हम ऐसी निर्माण-गति की कल्पना अपने यहाँ कर सकते हैं ? जिससे भी बात करो, जवाब यही मिलेगा—''आखिर पैसा कहाँ है ?'' उस समय पैसा कहाँ था, जब इतनी तीव्र गति से निर्माण कार्य संपन्न होते जा रहे थे ? आज तो हमारी रेलवे व्यवस्था कुछ इस तरह की हो गई है कि एक सेतु मार्ग के निर्माण को भी महान् उपलब्धि माना जाने लगा है और निर्माणकर्ताओं का नाम स्मारक-पट्टिका पर अंकित करके उन्हें अमर कर देने की परंपरा ही चल पड़ी है। सचमुच, आज न तो पैसा है और न ही इच्छाशक्ति। आम शिकायत यही सुनी जाती है कि धन का अभाव है। सरकारी व्यवस्था के लिए ऐसी प्रवृत्ति बिलकुल भी ठीक नहीं है। कार्य को पूर्ण करने के लिए आवश्यक इच्छाशक्ति हो और उसके लिए कुशलतापूर्वक रणनीति अपनाने की क्षमता हो तो धन के अभाव के चलते कोई कार्य नहीं रुकेगा। हमें इस सच्चाई को स्वीकार करना होगा।

मध्य प्रदेश राज्य पर्यटन विकास निगम में अपनी सेवा के दौरान मेरे इस विश्वास को और भी बल मिला। केंद्र और राज्य सरकारों की ओर से निगम को जो धनराशि अनुदान के रूप में मिली थी, उसे वह अपनी संपत्तियों का पुनरुद्धार कर अपना राजस्व बढ़ाने में नहीं उपयोग कर रहा था, बल्कि सावधि जमा के रूप में उसे वह बैंक में जमा कर रहा था और उससे प्राप्त ब्याज की राशि से घाटे में चल रहे निगम के कर्मचारियों को वेतन दे रहा था। क्या तरीका है उद्यम चलाने का! सचमुच, यदि कोई संस्था/संगठन स्वयं अपनी मदद करने के लिए तैयार नहीं है तो असीमित आर्थिक सहायता से भी उसका कुछ लाभ होनेवाला नहीं है। खैर, मैंने उस पैसे को उसी कार्य में लगा दिया है, जिसके लिए वह था। पहले वित्तीय वर्ष में 50 प्रतिशत और चालू वित्तीय वर्ष में 100 प्रतिशत की संभावित वृद्धि दर्ज कराकर निगम ने अपने पुनरुद्धार में उल्लेखनीय सफलता प्राप्त की है। वैसे मैं समझता हूँ कि भारत का कोई भी सार्वजनिक क्षेत्र का उद्यम अथवा निगम यह वृद्धि-दर हासिल कर सकता है, बशर्ते उसका प्रबंधन कुशल हाथों में हो। मेरे आने के एक वर्ष के भीतर ही पैसा अपने पूरे प्रवाह से आने लगा; कई प्रतिष्ठानों का टर्नओवर तो दस गुना तक बढ़ गया। सचमुच, सारी स्थितियाँ नाटकीय ढंग से बदल गईं।

□

10

अपने साथियों-सहकर्मियों के प्रति लगाव रखें

मानव संसाधन किसी भी संगठन/संस्था की सबसे मूल्यवान् संपत्ति होती है; लेकिन इस तथ्य से या तो हम अभी तक अनजान बने हुए हैं या इसकी पूरी तरह उपेक्षा कर रहे हैं। संगठन की मौलिक समस्या प्राय: उसके मानव संसाधन अर्थात् कर्मचारियों, उनके दृष्टिकोण, इच्छा-शक्ति, नेतृत्व अथवा प्रेरणा-प्रोत्साहन के स्तर आदि से ही संबंधित होती है। जो संगठन अपने मानव-संसाधन के महत्त्व को नहीं समझता और उसकी ओर उपयुक्त ध्यान नहीं देता तो ऐसा संगठन समय के साथ-साथ पतन की ओर चला जाता है।

अलका, जिसने मुझे यह पुस्तक लिखने के लिए प्रोत्साहित किया था, ने 22 अप्रैल, 2004 को होटल अशोक में आयोजित अपनी बहन के विवाह-समारोह में मुझे आमंत्रित किया था। विवाह की रस्में दरबार रेस्त्राँ के लॉन में संपन्न की गईं और उसके बाद सूट 479 (Suite 479) में प्रीतिभोज का आयोजन किया गया। 22 अप्रैल की शाम को जैसे पूरा शहर खुशी से झूम उठा था। इस कारण विवाह-स्थल भीतर स्थानांतरित करना पड़ा था। मैं विवाह-स्थल पर चुपचाप खड़ा था, तभी रेस्त्राँ के एक कर्मचारी की दृष्टि मुझ पर पड़ गई। उसके बाद मैंने देखा, पूरा स्टाफ वहीं इकट्ठा होना शुरू हो

गया, शायद मेरी दृष्टि में आने के लिए। उन्हें देखकर मेरे अंदर एक अलग ही भावना का संचार होने लगा। उन लोगों ने भी बड़ी गर्मजोशी से मेरा अभिवादन किया और उनकी भावनाओं का सम्मान करते हुए मुझे रेस्त्राँ के भीतर जाकर उनसे मिलना ही पड़ा। वे भी खुश थे, मैं भी खुश था उनके बीच पहुँचकर। जिस-जिस प्रतिष्ठान में मैं गया, वहाँ मुझे इसी प्रकार का दृश्य और वातावरण देखने को मिला। होटल अशोक के मुख्य पोर्च पर तैनात द्वारपाल की प्रेम भरी मुसकान भी अभी तक अविस्मरणीय बनी हुई है। होटल में मेरे प्रवेश के समय हर बार उसने जो प्रेम और सम्मान मेरे प्रति प्रदर्शित किया, वह भुलाए नहीं भूलता।

मानव संसाधन की बात चल रही है तो मैं अपने सेवा कैरियर के आरंभिक काल की घटनाओं का उल्लेख करना चाहता हूँ। मेरी पहली तैनाती आंध्र प्रदेश के गूटी (Gooty) नामक स्थान पर हुई थी, जहाँ मैंने मानव संसाधन के प्रबंधन का पहला सबक सीखा था। उसके बाद पतरातू की बात करें तो यहाँ अपने अधीन काम करनेवाले कर्मचारियों-अधिकारियों पर मुझे आज भी गर्व महसूस होता है; यहाँ सीनियर डिवीजनल मेकैनिकल इंजीनियर के रूप में कार्य करते हुए मुझे अधिकारी-कर्मचारी संबंधों की मिठास और उसके महत्त्व का सुखद अनुभव मिला। गूटी में अपनी तैनाती के समय मैं बाईस वर्ष का एक अपरिपक्व नवयुवक ही था; जबकि पतरातू में तैनाती के समय मैं अपेक्षाकृत परिपक्व हो चुका था, दुनियादारी भी समझने लगा था, क्योंकि तब मैं लगभग तीस वर्ष का हो चुका था। लेकिन मुझे मानना पड़ेगा कि मैं बड़ा भाग्यशाली था, जो मुझे गूटी में सी. चिन्नादुरई के नेतृत्व में कार्य करने का मौका मिला। चिन्नादुरई से ही मुझे यह शिक्षा मिली थी कि किस प्रकार सभी के साथ नम्रतापूर्ण व्यवहार किया जाए, किस प्रकार अपने अधीनस्थों का ध्यान रखते हुए उनकी भावनाओं का सम्मान किया जाए। अपने सेवा कैरियर के दो वर्ष मैंने चिन्नादुरई के नेतृत्व में ही व्यतीत किए थे। सच पूछा जाए तो किसी भी प्रथम श्रेणी अधिकारी की पहली तैनाती उस अधिकारी के पूरे सेवा-

कैरियर पर अपना स्पष्ट प्रभाव डालती है।

मेरी पहली स्वतंत्र तैनाती प्रमुख रूप से पतरातू में ही हुई थी, जहाँ लगभग 1,200 लोग मेरे सीधे नियंत्रण में तथा अन्य 1,500 लोग अप्रत्यक्ष नियंत्रण में काम कर रहे थे। ये लोग रेलवे कस्बे का एक हिस्सा भी थे। मेरे अधीन जो कार्य था वह था—डीजल लोकोमोटिव देख-रेख डिपो का स्वतंत्र प्रभार, जिसमें मध्य भारतीय कोयला क्षेत्रों में रेलगाड़ियों की मरम्मत के लिए आवश्यक लगभग 125 लोकोमोटिव इंजन थे। मध्य भारतीय कोयला क्षेत्र की लदान भारतीय रेल की कुल लदान का पाँचवाँ हिस्सा थी और इसलिए यह भारतीय रेल के लिए एक महत्त्वपूर्ण लाभ-क्षेत्र था। इसके लिए विश्वसनीय लोकोमोटिव इंजनों की अत्यधिक आवश्यकता थी। अपनी तैनाती के तुरंत बाद से ही मैंने स्टाफ के प्रेरणा-प्रोत्साहन स्तर को ऊँचा उठाकर उनकी कार्य-कुशलता और उत्पादकता में वृद्धि करने पर ही अपना सारा ध्यान केंद्रित करना शुरू कर दिया। शीघ्र ही मुझे पता चला कि यहाँ सबसे बड़ी समस्या कर्मचारियों और प्रबंधन के बीच मौजूद एक-दूसरे के प्रति अविश्वास की भावना है। मुझे अविश्वास की इस दीवार को गिराना था, जिसे आपसी विश्वास और प्रेम-सम्मान की भावनाएँ उत्पन्न करके ही गिराया जा सकता था। अत: सबसे पहले मैंने कार्य-परिवेश पर अपना ध्यान केंद्रित किया। मैं शेड को साफ-सुथरा रखने लगा—एक अच्छे अस्पताल की तरह। मैंने लोकोमोटिव के निर्माण, जो हमारी पहली प्राथमिकता थी, की बजाय पहले सफाई पर ध्यान देना शुरू किया। यहाँ तक कि जमीन पर माचिस की एक तीली तक नहीं दिखाई देती थी; जमीन पर थूकने या कूड़ा करनेवाला व्यक्ति तुरंत उसे स्वयं ही साफ करता था, अन्यथा मैं स्वयं ही उसे ऐसा करने के लिए कह देता था। इन सब बातों का असर दिखाई देना शुरू हो गया और जल्दी ही पूरा शेड साफ-सुथरा दिखाई देने लगा, जिस पर कोई भी कर्मचारी गर्व कर सकता था।

सफाई की यह व्यवस्था केवल शेड तक ही सीमित नहीं रही थी, बल्कि निरीक्षकों के चैंबरों को भी बेहतर फर्नीचर और अन्य सामान से

सुसज्जित कर देखने लायक बनाया गया। यह विश्वास पैदा करने के लिए कि प्रबंधन स्टाफ क्वार्टरों और कैंटीनों की ओर भी पूरा ध्यान दे रहा है—स्टाफ कैंटीनों और स्टाफ क्वार्टरों का भी नवीकरण किया गया। इस कार्य में मैंने व्यक्तिगत रूप से दिलचस्पी ली। कार्य-निरीक्षक और विद्युत् निरीक्षक को साथ लेकर मैं अकसर स्टाफ क्वार्टरों का अचानक दौरा किया करता था और देख-रेख से संबंधित समस्याओं का मौके पर ही हल निकालकर आया करता था। इस प्रकार, स्टाफ के प्रत्येक सदस्य में प्रबंधन के प्रति विश्वास और सम्मान की एक मजबूत भावना पैदा हुई। एक और बात, चूँकि बिहार जैसे राज्य में जातिवादी भावना आज भी व्याप्त है, अतः मैं कभी भी कोई ऐसी बात नहीं करता था, जो जातीय भेदभाव अथवा विवाद की स्थिति उत्पन्न करे। इस प्रकार पूरे शेड का परिवेश इतना सुंदर और स्वच्छ हो गया था कि उसमें काम करनेवाले स्टाफ के परिवार के सदस्य शाम को सुंदर और आकर्षक स्थान की तलाश में वहाँ आने लगे। साथ-ही-साथ मैंने स्टाफ के सदस्यों की शिकायतों पर भी पूरा-पूरा ध्यान दिया। वे अपनी शिकायतें सीधे मेरे पास पहुँचा सकते थे या उसके लिए अलग से बनाए गए रजिस्टर में अपनी शिकायतें दर्ज करवा सकते थे। इस रजिस्टर में दर्ज शिकायतों के आधार पर मैं सप्ताह में एक बार धनबाद स्थित डिवीजनल मुख्यालय के दौरे पर जाया करता था। वहाँ से वापस आकर संबंधित कर्मचारी को अपने पास बुलाकर उसे उसकी शिकायत के निवारण के बारे में बताता था। मुझे स्टाफ के सदस्यों को सामूहिक रूप से संबोधित करना अच्छा लगता था, जो शायद ही किसी आम प्रबंधक को अच्छा लगता होगा। मैं उनके पास संदेश भिजवा देता था कि मैं अपने सभी कर्मचारियों से बात करना चाहता हूँ; संदेश पाते ही वे एक घेरा बनाकर एक साथ खड़े हो जाते थे और मैं बीच में खड़ा होकर उनसे बातें करता था। इस प्रकार, स्टाफ के सारे सदस्य मेरे सीधे संपर्क में आ गए थे और वे भी निर्भीक होकर अपनी बात मेरे सामने रख सकते थे। शेड में कोई समारोह हो या निर्धारित लक्ष्य पूरा होता न दिखाई दे, या जब मुझे लगे कि (कर्मचारी) संघ उनका शोषण कर रहा है—ऐसे सभी मौकों पर मैं उनसे

बात करता था। इस प्रकार, पूरा स्टाफ एक संयुक्त परिवार की तरह हो गया था, जिसके प्रत्येक सदस्य का परिवार के मुखिया पर पूरा भरोसा हो। स्टाफ के सदस्य भी खूब मन लगाकर काम करने लगे थे—पहले से कहीं ज्यादा। जहाँ तक मैं समझता हूँ, इससे स्टाफ के सदस्यों के मन में अपने संगठन के प्रति गर्व की भावना विकसित हुई और इस प्रकार चलते हुए संगठन की आधी समस्या दूर हो गई।

पतरातू से मेरे स्थानांतरण के समय स्टाफ की ओर से मुझे जो विदाई दी गई, वह अभी तक अविस्मरणीय बनी हुई है। मेरे स्थानांतरण से एक सप्ताह पूर्व शेड का वार्षिक समारोह आयोजित किया गया—शेड के तब तक के इतिहास में ऐसा पहली बार हुआ। उस दिन शेड की स्थापना के पच्चीस वर्ष पूरे हो रहे थे। यह समारोह स्टाफ की ओर से, स्टाफ के द्वारा तथा स्टाफ के लिए आयोजित किया गया था। इस अवसर पर कुछ नए अनुभागों का भी उद्घाटन हुआ था—एक नवीकृत सभाकक्ष, नवीकृत लोड-बॉक्स और शेड की विस्तार परियोजना—स्टाफ के प्रत्येक सदस्य ने इसमें बढ़-चढ़कर हिस्सा लिया। समारोह के मुख्य अतिथि आर.डी. किट्सन, जो पूर्वी रेलवे के तत्कालीन महाप्रबंधक थे, ने पुरस्कार-वितरण के समय स्वयं स्वीकार किया कि ऐसा शानदार समारोह उन्होंने पहले कभी नहीं देखा था। इस अवसर पर स्टाफ द्वारा एक बगीचा भी तैयार किया गया, जिसका नामकरण मेरे नाम पर किया गया है। मैं अभिभूत था और इससे भी ज्यादा अभिभूत उस समय हुआ था, जब मेरे प्रस्थान के समय स्टाफ के सारे सदस्य इकट्ठा होकर मुझे भावपूर्ण विदाई दे रहे थे। जब प्रस्थान का समय आया तो मैंने देखा कि मेरी जीप किसी नई-नवेली दुलहन की तरह सजी हुई थी और मुझे भी सिर पर पगड़ी पहनाकर जैसे दूल्हा बना दिया गया था। पूरा स्टाफ कार्यालय से मेरे बँगले तक मेरे साथ चला—लगभग पाँच किलोमीटर की यह दूरी हमने कोई दो घंटे में पूरी की। स्टाफ के सदस्य नारा लगाते हुए बहुत धीरे-धीरे चल रहे थे। घर पहुँचने पर मैंने अपने आँगन में खड़े होकर उन सभी को संबोधित करते हुए एक अश्रुपूर्ण भाषण दिया। उसके बाद एक-एक कर सभी

कर्मचारियों ने मेरे चरण-स्पर्श किए। सचमुच, मैं तो किसी बच्चे की तरह रो पड़ा था!

अगले दिन सुबह मेरी बोगी मुगलसराय जानेवाली यात्री गाड़ी में जोड़ी जाने वाली थी। मेरा स्टाफ पहले ही बड़का काना (Barka Kana) पहुँचकर मेरी बोगी को फूलों से सजा चुका था। जब मैं गाड़ी में बैठा और गाड़ी पतरातू स्टेशन से चलने लगी तो इक्कीस डेटोनेटरों का जोरदार धमाका हुआ, जिसकी आवाज दूर तक सुनाई पड़ी थी। शेड के बाहर जब गाड़ी रुकी तो एक बार फिर पूरा स्टाफ दीवारों पर चढ़कर अंतिम विदाई सम्मान देने के लिए खड़ा हो गया। मैं और मेरी पत्नी दोनों रो रहे थे। स्टाफ की ओर से इतना प्रेम और सम्मान मिलना एक महान् गौरव की बात है।

अप्रैल 1989 में मैं पतरातू से वाराणसी के विशाल संयंत्र में पहुँच गया, जहाँ डीजल लोकोमोटिव का निर्माण किया जाता है। वाराणसी भी श्रमिक संघर्ष के मामले में कुख्यात है; यहाँ श्रमिक माफिया से संबंधित कई डरावनी कहानियाँ मुझे सुनने को मिलीं। सबसे पहले मुझे स्पेयर पार्ट प्रकोष्ठ के प्रमुख का प्रभार सौंपा गया, जिसमें स्पेयर पार्ट की आपूर्ति से संबंधित सभी कार्य शामिल थे, जिनकी कुल कीमत 250 करोड़ रुपए तक थी। मेरे अनुभाग में कुल 25 लोग काम करनेवाले थे, यानी अनुभाग कुल मिलाकर छोटा ही था, लेकिन उसमें स्पेयर पार्ट्स की आपूर्ति पिछले तीन वर्षों से बकाया चल रही थी। इसके अतिरिक्त अधिकारी-कर्मचारी संबंधों से जुड़ी समस्याएँ भी थीं। पतरातू के अनुभव से मैं यह भलीभाँति सीख चुका था कि सफलतापूर्वक कार्य-संपादन करने के लिए अधिकारी-कर्मचारी संबंध का अच्छा और विश्वास पर आधारित होना आवश्यक है। अतः सबसे पहले मैंने अपना ध्यान इसी ओर केंद्रित किया और जल्दी ही हम सभी एक परिवार के सदस्यों की तरह एक-दूसरे के साथ मिलकर काम करने लगे। दो वर्ष के भीतर ही हमने सारा बकाया खत्म कर दिया। इस प्रकार पूरा कार्य-परिवेश ही बदल गया; उसमें भाईचारे की भावना साफ देखी जा सकती थी। माहौल कुछ ऐसा हो गया था कि एक दिन फैक्टरी का कुख्यात संघ नेता चतुर्वेदी

ढूँढ़ते-ढूँढ़ते मेरे पास पहुँच गया—केवल इसलिए कि वह ऐसे ही किसी अधिकारी से मिलना चाहता था, जिसका स्टाफ उसे अपनी कार्य इकाई के भीतर न आने दे।

उसके बाद मुझे इंजन विभाग का प्रमुख बनाया गया। इंजन-निर्माण और उससे संबंधित सभी प्रकार के स्पेयर पाट्‌र्स की जिम्मेदारी मुझे सौंपी गई थी। इस प्रकार कारखाने का एक बड़ा हिस्सा मेरे नियंत्रण में आ गया था। मेरे दिन की शुरुआत प्राय: संयंत्र के दौरे से होने लगी। सामान्यतया इंजन विभाग के अंतर्गत केवल कुल टर्नओवर (उत्पादन) तथा उससे संबंधित मामले ही आते थे, जैसे—आवश्यक श्रम-शक्ति उपलब्ध करवाना, माल (कच्चा) उपलब्ध करवाना और मशीनों का ब्रेक़डाउन। सुबह के अपने दौरे में मैं इन्हीं मामलों से संबंधित समस्याओं को देखता-सुलझाता था। परंतु मेरी महत्त्वाकांक्षा एक अलग तरह के प्रबंधक के रूप में कार्य करते हुए अधिक-से-अधिक उत्पादन सुनिश्चित कराने की थी। मेरा अधिकांश समय स्टाफ के सदस्यों से मिलने, उनकी समस्याएँ सुनने और उनका हल निकालने में ही बीतता था। इस प्रकार, धीरे-धीरे पूरा स्टाफ मेरी ओर खिंचने लगा।

एक बार ल्यूब्रीकेटिंग ऑयल पंप का गंभीर संकट उत्पन्न हो गया। ल्यूब्रीकेटिंग ऑयल पंप का निर्माण मेरे ही विभाग में होता था। उस समय तक मुझे पता चल चुका था कि एक पांडेयजी हैं, जो ऑयल पंप के निर्माण की एक महत्त्वपूर्ण कड़ी हैं; लेकिन पंप के मामले पर मैंने कभी कोई बात नहीं छेड़ी। हम साथ-साथ बैठकर चाय पीते थे और सामान्य बातचीत करते थे। इसका असर हुआ, कुछ ही दिनों में ऑयल पंप की कमी की समस्या दूर हो गई। उत्पादन 15 पंप प्रति माह से बढ़कर 30 पंप प्रति माह हो गया। पांडेयजी यही कोशिश करते थे कि हमारे चाय पर बैठने से पहले ही दिन के पंप का निर्माण कार्य पूरा हो जाए। इसी तरह हैवी मशीन शॉप में एक श्रीवास्तव और इंजन ब्लॉक शॉप में एक दास थे। इस प्रकार, विभाग के मेरे सभी अधीनस्थ कर्मचारी मेरे सीधे संपर्क में आते गए और मैंने भी उनके प्रति अपना सच्चा प्रेम और सहानुभूति प्रदर्शित की। सचमुच, वे मेरे लिए मेरे

बच्चों की तरह हो गए थे। प्रमुख मशीन ऑपरेटरों और निरीक्षकों के साथ मैं नियमित रूप से बैठकें करता था और उन्हें प्रोत्साहित भी करता था। इस प्रकार, दो वर्ष में ही हमारा उत्पादन काफी बढ़ गया।

अपने सहयोगियों और अधीनस्थों के प्रति सच्चे प्रेम का लाभ मुझे राष्ट्रीय रेल संग्रहालय में अपने कार्यकाल के दौरान भी मिला। एक छोटी इकाई थी, जिसने कार्य-संपादन को कभी महत्त्व नहीं दिया था और जो रेलवे अधिकारियों के लिए एक नीरस पार्किंग स्थल बना हुआ था; उसमें जल्दी ही बदलाव दिखाई पड़ने लगा। इकाई के स्टाफ के सदस्य पूरी तरह संग्रहालय के काया-पलट में जुट गए। सचमुच, मेरे लिए यह संतोष और प्रसन्नता का विषय था। पूरा स्टाफ, जो पहले स्वयं को बँधा हुआ और विवश महसूस करता था, अब स्वयं को रेल संपत्ति का संरक्षक मानने लगा था। रेल-संग्रहालय को विश्व के सुंदरतम संग्रहालय के रूप में बनाने के लिए दैनिक रूप से विभिन्न प्रकार की गतिविधियाँ और कार्यक्रम संचालित किए जाते थे, जिसमें पूरा स्टाफ सक्रिय रूप से भाग लेता था। विभिन्न उत्सवों पर सामूहिक कार्यक्रम आयोजित किए जाते थे, समय-समय पर सामूहिक लंच और चाय की व्यवस्था की जाती थी। इस प्रकार, एक आदर्श अधिकारी-कर्मचारी संबंध स्थापित करने में मदद मिली। संग्रहालय से अपनी विदाई के समय स्टाफ की ओर से मैंने अपने लिए जो प्रेम और सम्मान की भावना देखी, उससे मुझे अपने स्टाफ के सदस्यों की भावनाओं का एहसास हो गया। हालाँकि अब हमारा आधिकारिक संबंध नहीं रहा, लेकिन हमारे व्यक्तिगत संबंध अभी तक बने हुए हैं। सच, इसी में तो जीवन का आनंद निहित है। लोग प्राय: अच्छे ही होते हैं और उनके साथ यदि सच्चा मानवीय संबंध स्थापित किया जाए तो यह संबंध जीवन भर बना रह सकता है। कई अधिकारियों को मैंने देखा है, जो मानवीय सिद्धांतों के आधार पर नहीं बल्कि पद, प्रतिष्ठा और प्रभावशीलता के आधार पर संबंध स्थापित करते हैं। आखिर हम सभी एक ही ईश्वर की रचना हैं और जब स्वयं ईश्वर अपनी इन रचनाओं में भेद नहीं करता तो हम कौन होते हैं भेद करनेवाले!

वस्तुत: मैं अपने अधीनस्थों के प्रति हार्दिक प्रेम की भावना रखता हूँ। किसी भी नए पद पर पहुँचने पर मैं अपने अधीन काम करनेवाले लोगों को सबसे पहले यही विश्वास दिलाने की कोशिश करता हूँ कि मेरे और उनके बीच पिता-पुत्र जैसा संबंध है। उनसे कोई गलती होने पर मैं उन्हें डाँट सकता हूँ, दंडित कर सकता हूँ, अच्छा कार्य करने पर उन्हें पुरस्कृत भी कर सकता हूँ; लेकिन इन सबके पीछे मैं उनके हित को ही ध्यान में रखता हूँ और जो कुछ भी करता हूँ, वह अपनत्व के नाते, न कि उन्हें नुकसान पहुँचाने के उद्देश्य से। मैंने सदैव यही सिद्धांत अपनाया है और अभी तक मुझे किसी प्रकार की श्रमिक समस्या का सामना नहीं करना पड़ा। जो अधिकारी अपने स्टाफ को लेकर शिकायत करते हैं, उन्हें मैं अच्छा अधिकारी नहीं मानता हूँ। किसी भी संस्था/संगठन में स्टाफ संबंधी मामलों में यह सिद्धांत अपनाया जा सकता है। कार्य करने का यह तरीका सचमुच बड़ा आनंददायक है। मैं तो अपनी पत्नी से भी कहता हूँ कि मुझे मेरा स्टाफ जितना अच्छा समझ सकता है उतना अच्छा वह स्वयं भी नहीं समझ सकती—और यह बात काफी हद तक सच भी है।

अब बात करते हैं भारतीय पर्यटन विकास निगम के बारे में, क्योंकि इसका उल्लेख किए बिना मेरी कोई भी कहानी पूर्ण नहीं हो सकती। जिस दिन मैंने कार्यभार सँभाला था उसी दिन मैंने तीनों कर्मचारी महासंघों की एक बैठक बुलाई। यह बैठक मैंने कर्मचारियों के साथ सीधे संपर्क स्थापित करने के उद्देश्य से बुलाई थी, क्योंकि मैं जानता था कि मेरे पास समय बहुत कम है। बैठक में मेरा पहला संबोधन कुछ इस प्रकार था—"मैं स्वामी हूँ और मैं आप सभी के साथ अपने बच्चे जैसा व्यवहार करूँगा। किसी के साथ न कोई भेदभाव होगा और न ही कोई दुर्भावना रखी जाएगी। मैं सभी के साथ यथाशक्ति पूर्ण न्याय करूँगा और अपना कोई व्यक्तिगत एजेंडा नहीं रखूँगा। मेरा एकमात्र एजेंडा यही होगा कि निगम घाटे की स्थिति से बाहर निकलकर भारत के सार्वजनिक क्षेत्र का एक मजबूत संगठन बने।"

इन शब्दों का असर देखने को मिला, हमारे बीच संबंध-विस्तार होना

शुरू हो गया। गलती करनेवाले कर्मचारी को मैं निलंबित जरूर करता था, लेकिन पहले उसे अपनी गलतियाँ सुधारने का मौका भी देता था। अच्छा कार्य-प्रदर्शन करनेवाले कर्मचारियों को आश्वासन दिया कि यदि वे व्यक्तिगत क्षेत्र के कर्मचारियों जैसा कार्य-प्रदर्शन करें तो उन्हें व्यक्तिगत क्षेत्र के कर्मचारियों जितनी मजदूरी मिलेगी। मैंने हमेशा उनके साथ सहयोग करते हुए उन्हें प्रोत्साहित किया। मैं उनका व्यक्तिगत रूप से भी ध्यान रखता था। हर कोई जानता था कि अध्यक्ष के पास आसानी से पहुँचकर अपनी समस्या रखी जा सकती है। वस्तुत: वे भी हर मौके पर तैयार मिलते थे। निगम को सुदृढ़ बनाने में उन्होंने मेरे साथ भरपूर सहयोग किया। निगम के पास धन की कमी थी, यह बात वे स्वयं भी जानते थे और वे प्रबंधन के इस सुझाव पर सहमत हो गए थे कि स्टाफ को मिलनेवाली सुविधाएँ कम कर दी जाएँ।

सच पूछा जाए तो स्टाफ को किसी भी मामले में गलत नहीं ठहराया जा सकता। संग्रहालय से मेरी विदाई के समय स्टाफ की ओर से जो विदाई समारोह आयोजित किया गया था—सचमुच, क्या विदाई समारोह था! निगम के इतिहास में पहली बार देखा गया कि किसी मुख्य कार्यकारी अधिकारी को उसका पूरा स्टाफ प्रत्यक्ष रूप से विदाई दे। एक और बात कि तीनों संघर्षरत श्रमिक संघ अपने चहेते अधिकारी को विदाई देने के लिए उस दिन एक मंच पर आ गए थे। आपके प्रति सम्मान और प्रेम प्रकट करते हुए यदि 1,000 लोग स्वयं आकर आपके चरण स्पर्श करें, और वह भी दिल्ली जैसे हृदयहीन शहर में, तो इससे यही सिद्ध होता है कि अच्छाई को आज भी महत्त्व दिया जाता है और बुराई को बुरा ही माना जाता है—आज के कलियुगी विशेषज्ञ चाहे जो भी कहते रहें।

भोपाल राज्य पर्यटन विकास निगम में भी अपने कार्यकाल के दौरान मैंने अपना यही सिद्धांत बनाए रखा। मैंने कर्मचारियों को उनके लिए आवश्यक सुविधाएँ उपलब्ध कराकर पहले उनके मन में विश्वास और आपसी प्रेम की भावना जाग्रत् की। इसका परिणाम यह हुआ कि वे भी मेरे साथ सहयोग करने के लिए पूरे मन से तैयार हो गए। सचमुच, उनके मन में यह विश्वास

भर गया था कि उनका प्रबंध निदेशक उनसे सच्चा स्नेह करता है और उनके सुख-दुःख का ध्यान रखता है। परिणामस्वरूप वे अनुशासित हो गए और आवश्यकता पड़ने पर अतिरिक्त समय देकर कार्य करने के लिए भी तैयार रहने लगे। कार्यालय क्षेत्र में शराब के सेवन पर प्रतिबंध सफलतापूर्वक लागू हो गया था। मेरे हर आदेश का तत्काल पालन होता था। इस प्रकार निगम की स्थिति बहुत अच्छी हो गई। स्टाफ द्वारा मेरे सम्मान में आयोजित एक समारोह में स्टाफ के नेता ने तो यहाँ तक कह दिया था कि वह और उसके साथी मेरे कार्यकाल की समाप्ति पर भी मेरी सेवाएँ समाप्त नहीं होने देंगे। कर्मचारी संघ निगम को समृद्धि की ओर ले जाने में मेरे साथ भरपूर सहयोग की पेशकश किया करते थे। क्या इससे बड़ा पुरस्कार भी कुछ हो सकता है? उत्तर है—बिलकुल भी नहीं हो सकता।

□

11

मन और परिवेश स्वच्छ रखें

उच्चस्तरीय कुशलता ही सफलता की कुंजी है, क्योंकि इससे उत्पादन-वृद्धि में मदद मिलती है—गुणात्मक रूप से भी और परिमाणात्मक रूप से भी। एक सुसंगठित इकाई किसी तदर्थ अथवा असंगठित इकाई की अपेक्षा अधिक उच्चस्तरीय कुशलता हासिल कर सकती है। व्यक्तिगत संदर्भ में भी यही बात सच होती है। जिस व्यक्ति का मन इधर-उधर भटकता रहता है और उसकी मेज भी अव्यवस्थित रहती है, वह प्रायः अपने उद्देश्य में सफल नहीं हो पाता; क्योंकि अव्यवस्था प्रत्येक कार्य की सफलता में बाधक है। उन सभी लोगों को यह तथ्य भलीभाँति समझ लेना चाहिए, जो समाज में अपना उच्चस्तरीय योगदान देना चाहते हैं। इसके लिए यह भी आवश्यक है कि व्यक्ति अपनी चिंतन-प्रक्रिया के साथ-साथ शारीरिक रूप से भी संगठित हो।

परंतु आप किसी सरकारी दफ्तर में जाकर देखें तो सबकुछ इसका उलटा ही देखेंगे। ऐसा अधिकारी मुश्किल से ही देखने को मिलेगा, जिसकी कार्य करने की मेज और चैंबर व्यवस्थित तथा साफ-सुथरे हों। कोने में पड़ी मेज पर लगा फाइलों का ढेर, बिखरे पड़े कागजात आदि—यह किसी भी सरकारी दफ्तर और अधिकारी की पहचान हो सकती है। मार्च 2003 में उत्तर रेलवे में मुख्य मेकैनिकल इंजीनियर के रूप में सेवा शुरू करने पर मुझे जो चैंबर विरासत में मिला था, वह देखने में चैंबर कम, कूड़ाघर ज्यादा

लगा—चारों ओर धूल-मिट्टी की परतें जमी हुई थीं, कागजात इधर-उधर बिखरे पड़े थे। पूरा चैंबर अस्त-व्यस्त दिखाई दे रहा था, जैसे पूर्ववर्ती अधिकारी के व्यक्तित्व की झलक प्रस्तुत कर रहा हो। सचमुच, उसे देखकर कोई भी नहीं कह सकता था कि यह किसी कुशल अधिकारी का चैंबर है। ऐसा मुझे पहली बार देखने को नहीं मिला था, बल्कि जहाँ-जहाँ भी मैं पहुँचा वहाँ कुछ ऐसी ही स्थिति देखने को मिली। कार्यभार ग्रहण करने के पहले दिन मुझे थोड़ा गुस्सा जरूर आया था, जो मेरे व्यवहार में साफ दिखाई दे रहा था। चैंबर में पहुँचकर सबसे पहले मैंने पुराने और गंदे पड़े कागजों आदि को फाड़कर सफाई शुरू कर दी, जबकि उस समय तक चैंबर का पूर्ववर्ती अधिकारी पूरी तरह से खाली भी नहीं कर सका था। अपनी कागजी काररवाई पूरी करने के बाद जब वह निकला, उस समय तक मैंने रद्दी कागजों का एक बड़ा ढेर लगा दिया था। मैं सप्ताह में एक बार यानी शनिवार को अपना चैंबर जरूर साफ करता हूँ। सारे रद्दी कागज कूड़ेदान में डालकर मैंने चैंबर में सबकुछ व्यवस्थित करके रखा। इसको देखते हुए चैंबर और संबंधित अधिकारियों की भी स्थिति ऐसी ही थी। कोई भी अधिकारी मुझे व्यवस्थित ढंग से कार्य करता नहीं दिखाई पड़ा। अब अधिकारी सुबह अपने चैंबर में पहुँचते ही अपना काम करना शुरू कर देते थे। मेज पर कोई फाइल पड़ी है तो उस पर कुछ लिखा और फिर उसे वापस रख दिया जाता था, निर्देशों का पालन किया जाता था, बैठकों में शामिल हुआ जाता था, चर्चाएँ होती थीं; पर सबकुछ किसी के निर्देश पर। हममें से अधिकांश लोगों का प्रायः अपना कोई व्यक्तिगत एजेंडा ही नहीं होता। हममें से अधिकांश लोगों के लिए दफ्तर एक ऐसी जगह होती है, जहाँ हम सिर्फ इसलिए काम करते हैं कि हमें उसके लिए पैसा मिलता है। हमारा अपना जैसे कोई उद्देश्य ही नहीं होता, जबकि दफ्तर में कुशलतापूर्वक कार्य-संपादन करने के लिए जरूरी है कि हम रोज सुबह अपना एक लक्ष्य निर्धारित करके उसे प्राप्त करने की कोशिश करें।

दफ्तर पहुँचते ही मेरा सबसे पहला काम होता है—उस दिन किए

जानेवाले आवश्यक कार्यों की सूची बनाना; मैं अपने पूरे कार्यकाल में ऐसा ही करता आया हूँ। अकसर देखा जाता है कि दिन में कार्य के दौरान नए-नए कार्य जुड़ते जाते हैं और पुराने आवश्यक कार्य पीछे छूटते जाते हैं। लेकिन मेरी समझ में यह बात नहीं आती कि लोग इस आसान सी रणनीति को अपनाकर अपना कार्य-संपादन कुशलतापूर्वक क्यों नहीं करते! दूसरी आवश्यकता है—मन-मस्तिष्क को संतुलित और एकाग्रचित्त रखना। यदि हम अपना कार्य व्यवस्थित ढंग से करना शुरू कर देंगे तो यह समस्या भी दूर हो जाएगी, क्योंकि इससे हमारा मस्तिष्क स्वत: ही संतुलित और एकाग्रचित हो जाएगा। इसके लिए आवश्यक है कि एक समय में एक ही कार्य किया जाए या एक ही समस्या सुलझाई जाए। वैसे कुछ लोगों को शायद यह लगे कि इससे उनकी कार्यक्षमता कम हो जाएगी; क्योंकि एक बार में सिर्फ एक ही काम करने से सारे काम निपटाने में अधिक समय लग जाएगा। लेकिन यह बात सही नहीं है। यदि हम एक साथ कई काम करने लगेंगे तो उनमें से कोई भी काम अच्छी तरह से पूर्ण नहीं हो सकेगा और इस प्रकार हमारे कार्य की गुणवत्ता में कमी आएगी। कुशल कार्य-संपादन के लिए कार्यों को प्राथमिकता के आधार पर संपन्न किया जाना चाहिए। यदि हमारा अपना कोई एजेंडा अथवा कार्य-सूची नहीं है तो हमारा बॉस जैसा हमें निर्देश देगा, उसके अनुसार ही हम कार्य करते रहेंगे। यदि कार्य पूर्ण हुए बिना ही उसने दूसरे कार्य के लिए निर्देश दे दिए तो दूसरा कार्य शुरू हो जाएगा और पहला अधूरा कार्य प्रतीक्षा सूची में पहुँच जाएगा। इससे काफी श्रम बेकार चला जाता है। अत: प्राथमिकता के आधार पर कार्यों की सूची बनाना बहुत जरूरी है और यह प्राथमिकता भी रोज-रोज बदली नहीं जानी चाहिए। दो प्राथमिकता सूची बनाना बेहतर होगा—एक अल्पकालिक और एक दीर्घकालिक।

अधिकारी को स्वयं को संगठित और व्यवस्थित रखने के साथ-साथ अपने अधीन काम करनेवाले स्टाफ व अधिकारियों को भी संगठित और व्यवस्थित रखना चाहिए। सबसे पहले बात आती है वैयक्तिक सहायक या

सचिव की। वैयक्तिक सहायक या सचिव यदि संगठित और व्यवस्थित है तो बॉस की कुशलता स्वाभाविक रूप से बढ़ जाती है। लेकिन इसके लिए बॉस का व्यवस्थित और सुसंगठित होना भी जरूरी है। सचमुच, यदि कार्यालय व्यवस्थित और सुसंगठित हो तो उसमें कार्य करने का आनंद ही कुछ और होता है।

□

12

कड़ी मेहनत

जुलाई 1987 में पूर्वी रेलवे के मुख्यालय कलकत्ता के मुख्य मेकैनिकल इंजीनियर आर.सी. आचार्य ने मुझे कंप्यूटर संबंधी कार्य में लगाने से पहले कनिष्ठ प्रशासनिक श्रेणी पर पदोन्नत किया था। उन्होंने मुझे रेल-संचालन और भाप एवं डीजल इंजन के लिए आवश्यक ईंधन उपलब्ध कराने संबंधी कार्य सौंपा। आचार्य उस समय रेलवे के उदीयमान सितारे की तरह थे और आशा की जा रही थी कि वह रेलवे में सर्वोच्च पद तक पहुँचेंगे। वह अपनी कड़ी मेहनत और कार्य-संपादन के लिए जाने जाते थे। वह मेहनती व्यक्ति की खूब प्रशंसा करते थे, लेकिन मेहनत न करनेवाले व्यक्ति से बहुत चिढ़ते थे। व्यक्ति से संबंधित सच बात वह उसके मुँह पर ही कह देते थे। उनके इस स्वभाव से उनके कुछ अधीनस्थ चिढ़ते भी थे। आचार्य का मेरे प्रति विशेष लगाव था; इसीलिए उन्होंने अतिरिक्त कार्यभार मुझे सौंप दिया था। कनिष्ठ प्रशासनिक ग्रेड रेलवे का एक प्रमुख कार्यकारी स्तर है, इसलिए यह जिम्मेदारियों से भरा हुआ है। वैसे इस ग्रेड का कार्य भी कुछ ऐसा है कि व्यक्ति हमेशा व्यस्त ही दिखाई देता है।

अतिरिक्त प्रभार का सिलसिला कुछ इस प्रकार बढ़ता गया कि धीरे-धीरे मुझे एक साथ चार-चार प्रभार सौंप दिए गए। इस पर भी आचार्य ने एक और कार्य मुझे सौंप दिया—सभी डिवीजनल मेकैनिकल इंजीनियरों से दिन में दो बार, यानी एक बार सुबह और एक बार रात में, सीधे संपर्क

स्थापित करते हुए पूरी गतिविधियों पर नजर रखना। कुल सात डिवीजन थे और प्रत्येक डिवीजन में लगभग दो से तीन डिवीजनल इंजीनियर थे। इस प्रकार दिन में लगभग चालीस फोन कॉल्स करनी पड़ती थीं। उन दिनों मेरी दिनचर्या कुछ इस प्रकार होती थी—सुबह 5.00 बजे उठना, 6.00 बजे तक बीस फोन कॉल्स पूरी करना, 7.00 बजे तक तैयार होकर दफ्तर के लिए निकलना, रात को लगभग 9.00 बजे तक दफ्तर में काम करना, 10.00 बजे तक घर वापस पहुँचना, एक बार फिर बीस फोन कॉल्स पूरी करना और फिर 11.00 बजे तक बिस्तर पर जाना। सचमुच, बहुत कठिन दिनचर्या थी। मैं काम में इतना उलझ गया था, लेकिन फिर भी आचार्य को अपनी मेहनत से पूरी तरह संतुष्ट नहीं कर पा रहा था।

एक दिन शाम को करीब 8.00 बजे आचार्य स्वयं मेरे चैंबर में आए और मुझे अत्यधिक व्यस्त तथा परेशान देखकर पूछने लगे कि तुम किस काम में इतने व्यस्त हो? मैंने उन्हें बताया कि मुझे जो इतने सारे कामों का बोझ सौंपा गया है, उसी में व्यस्त हूँ। मेरी बात सुनकर वह थोड़ा सा उत्तेजित हो गए और उनके इस प्रकार के व्यवहार का मुझे दीर्घकालिक लाभ मिला। उन्होंने कहा कि दैनिक कार्यों में केवल व्यस्त रहकर आज तक कोई भी आगे नहीं बढ़ पाया है। अत: व्यक्ति को रोज स्वयं से पूछना चाहिए कि आज मैंने नया क्या किया?

इस घटना ने जैसे मेरा जीवन ही बदल दिया। मैं अपने दैनिक कार्यों के दौरान कुछ नया करते रहने का महत्त्व समझ गया था। इस घटना से मुझे यह बात भी समझ में आ गई—मुझमें, बल्कि सभी लोगों में, असीमित संभाव्यता विद्यमान है, जिसे प्रयोग में लाए जाने की आवश्यकता होती है।

इस प्रकार नए-नए कार्यों की तलाश में रहना मेरे स्वभाव का एक हिस्सा बन गया। मुझे लगा कि कड़ी मेहनत व्यक्ति को शारीरिक और मानसिक दोनों रूपों में युवा बनाए रखती है। अतिरिक्त कार्य-भार से हमारी कार्य-क्षमता में वृद्धि होती है और साथ ही, हमारे समय का दुरुपयोग भी नहीं होता। लेकिन उत्तरदायित्व की भावना का होना भी बहुत जरूरी है। सरकारी

दफ्तरों में हम प्राय: यही मानकर चलते हैं कि आदेश दूसरों को देने के लिए हैं और अधिकार स्वयं प्रयोग में लाने के लिए। जब बात उत्तरदायित्व की आती है तो इससे हर कोई बचना चाहता है। यही कारण है कि फाइलें इधर-से-उधर चक्कर लगाती रहती हैं और काम कुछ नहीं होता तथा चारों ओर अविश्वास का माहौल पैदा होता है। सचमुच, लोगों ने अपनी जिम्मेदारी समझना ही छोड़ दिया है। मैंने ऐसे कई अधिकारियों को देखा है, जो कोई बात स्वयं कहते हैं और परिणाम गलत आ जाने की स्थिति में स्वीकार ही नहीं करते कि मैंने ऐसी कोई बात कही थी। हमें रोज ही ऐसे उदाहरण देखने-सुनने को मिल जाते हैं, जिसमें लोग कहते हैं कि मेरी बात का गलत अर्थ लगा लिया गया।

सरकारी विभागों/संगठनों के संदर्भ में यह एक चिंता का विषय है। यहाँ कोई व्यक्ति भले ही कार्य न करता हो, लेकिन यदि वह हमेशा व्यस्त दिखाई देता हो—चाहे दूसरों की गलतियाँ निकालने में ही व्यस्त रहे—तो वह बहुत आगे बढ़ सकता है। दूसरी ओर, कोई ऐसा व्यक्ति—जो अपने पूरे सेवाकाल में अच्छा प्रदर्शन करता आया हो—यदि एक गलती भी कर देता है तो उसे क्षमा नहीं किया जाता। शायद यही कारण है कि यहाँ कोई जिम्मेदारी नहीं लेना चाहता। लोगों में यह धारणा बन जाती है कि जिम्मेदारी नहीं लेनी चाहिए, अन्यथा कोई काम गलत हो जाने की स्थिति में जवाब देना पड़ेगा—और कोई-न-कोई काम गलत हो ही जाता है। यदि कोई गलती हो भी गई तो ऐसे में चतुर अधिकारी पहले से ही कोई-न-कोई ऐसी तरकीब तैयार करके रखता है, जिससे वह कह सके कि उसका संबंधित गलत काम से कोई संबंध ही नहीं था।

लेकिन ऐसा कब तक चलेगा? देश के बड़े-बड़े संगठनों में अधिकारी-उत्तरदायित्व के बीच का यह असंतुलन कब तक चलेगा? ऐसी व्यवस्था भी कब तक चलेगी, जिसमें अधिकारों का प्रयोग करने के लिए तो हर कोई तैयार रहता है, लेकिन उत्तरदायित्व लेनेवाला कोई नहीं मिलता? इस प्रकार की व्यवस्था विसंगति ही उत्पन्न करती है, जो सामान्य

समझ से परे है। हमें व्यक्तिगत या आधिकारिक रूप से किए गए अपने सही-गलत कार्यों की जिम्मेदारी स्वयं लेनी होगी। हमें अपनी गलती की कीमत स्वयं अदा करना सीखना होगा, बजाय इसके कि हम उसे अपने अधीनस्थों पर डाल दें। हमें अपने आधिकारिक जीवन में भी परिपक्वतापूर्ण व्यवहार अपनाना होगा।

□

13

उत्कृष्टता हासिल करने के लिए चुनौतियों को स्वीकार करें

अपनी आंतरिक शक्तियों अथवा संभाव्यताओं का पता लगाना एक सबसे बड़ी चुनौती रहा है; हालाँकि इस चुनौती का मैं पूरी तरह डटकर मुकाबला नहीं कर सका था, क्योंकि बीच में ही मुझे अचानक दृश्य से बाहर हो जाना पड़ा था। वैसे इसके बावजूद मुझे अपने कार्य-प्रदर्शन से संतुष्टि है।

उत्कृष्ट प्रदर्शन करनेवाले लोग बड़ी-से-बड़ी चुनौती स्वीकार करने के लिए तैयार रहते हैं। चुनौतियों से उनका उत्साह कई गुना बढ़ जाता है। डिस्कवरी चैनल पर आप ऐसे अनेक लोगों को देख सकते हैं, जो कोई भी चुनौती स्वीकार करने के लिए तैयार हो जाते हैं और फिर अपना लक्ष्य प्राप्त करने के लिए वे अपनी पूरी शक्ति लगा देते हैं। सचमुच, इससे व्यक्ति में अदम्य उत्साह का संचार होता है। जमालपुर में अपने रेलवे प्रशिक्षण काल के दौरान मुझे अपने साथी प्रशिक्षणार्थियों की व्यंग्य भरी टिप्पणियाँ सुननी पड़ती थीं, क्योंकि मेरा शैक्षिक रिकॉर्ड बहुत अच्छा नहीं था। जमालपुर के लोग, जिनमें से अधिकतर शैक्षिक परीक्षाओं में उच्च स्थान प्राप्त करनेवाले हैं, दूसरे समुदाय के लोगों को हेय दृष्टि से देखते हैं। इन जमालपुरियों के बारे में एक और बात उल्लेखनीय है—अधिक वेतन और अन्य सुविधाओं के

लालच में वे रेलवे छोड़कर भारतीय प्रशासनिक सेवा अथवा अन्य केंद्रीय सेवाओं की ओर उन्मुख हो रहे हैं। यहाँ स्पष्ट कर देना आवश्यक है कि जमालपुर संस्थान कभी भी किसी विश्वविद्यालय से संबद्ध नहीं रहा था; इसलिए यहाँ के छात्रों को मेकैनिकल इंजीनियरिंग के क्षेत्र में भारत के इंस्टीट्यूट ऑफ इंजीनियर्स अथवा इंस्टीट्यूशनल ऑफ मेकैनिकल इंजीनियर्स, लंदन द्वारा आयोजित बाह्य परीक्षाएँ उत्तीर्ण करनी पड़ती थीं। मेकैनिकल इंजीनियरिंग में एक डिग्री स्तरीय परीक्षा उत्तीर्ण करना अनिवार्य था, लेकिन कुछ छात्र एक अतिरिक्त डिग्री स्तरीय परीक्षा भी उत्तीर्ण करते थे। वैसे यदि कोई छात्र जमालपुर संस्थान में अपने चार वर्षीय पाठ्यक्रम के दौरान मिलनेवाले सभी अवसरों का पूर्ण लाभ उठा सकता तो वह इंजीनियरिंग की चारों डिग्री स्तरीय परीक्षाएँ उत्तीर्ण करने के साथ-साथ संस्था में, बल्कि पूरे देश में, एक कीर्तिमान स्थापित कर सकता था। संस्था में अपने दूसरे वर्ष के दौरान मैंने स्वयं अपने सामने चुनौती रखी और फिर अपना लक्ष्य प्राप्त करने के लिए जी-जान से प्रयास करने लगा। दूसरे वर्ष की गरमियों में मैंने इंस्टीट्यूशन ऑफ मेकैनिकल इंजीनियर्स, लंदन की प्रथम परीक्षा उत्तीर्ण की तथा उसी वर्ष सर्दियों में भारत के इंस्टीट्यूशन ऑफ इंजीनियर्स की वर्ग 'अ' की परीक्षा भी उत्तीर्ण कर ली। तीसरे वर्ष में मेकैनिकल इंजीनियरिंग और इलेक्ट्रिकल इंजीनियरिंग की परीक्षाएँ दो बार में उत्तीर्ण करने के बाद चौथे वर्ष में मैंने मेटलर्जिकल इंजीनियरिंग की परीक्षाएँ भी उत्तीर्ण कर लीं। इस प्रकार मैंने एक राष्ट्रीय कीर्तिमान स्थापित करके दिखा दिया।

अपने पूरे सेवाकाल के दौरान मैं स्वयं के लिए चुनौतियाँ स्वीकार करता रहा, बल्कि दूसरों को भी चुनौती देने के लिए उकसाता रहा, ताकि उनका मुकाबला करते हुए मैं अपनी कार्य-क्षमता और उत्कृष्टता को उच्च स्तर पर पहुँचा सकूँ। मुझे वर्ष 1993 का वह समय याद है, जब मुझे रेल संग्रहालय का निदेशक बनाया गया था। मेरे चाहनेवाले कुछ लोग अकसर मेरे सामने बड़ी-बड़ी बातें किया करते थे, ताकि मैं उनकी कार्य-क्षमता और आंतरिक शक्ति के सामने स्वयं को हीन समझने लगूँ। दरअसल, ऐसा वे मेरे

साहस और कार्य-क्षमता को और निखारने के उद्देश्य से करते थे। ऐसे लोगों में रेलवे बोर्ड के सचिव के वैयक्तिक सचिव सक्करवाल भी थे। उन्होंने एक दिन मुझसे कहा कि जिस पद पर मैं हूँ, उस पर रहते हुए मैं अपनी योग्यता और कुशलता प्रदर्शित करने का एक भी अवसर नहीं प्राप्त कर सकता। उनकी इस टिप्पणी को मैंने एक चुनौती के रूप में स्वीकार किया और फिर अपनी पूरी शक्ति लगाकर कार्य में जुट गया। संग्रहालय थोड़े ही समय में दिल्ली का एक आदर्श स्थान बन गया, जहाँ सुधार साफ-साफ देखा जा सकता था। उसके बाद जब फरवरी 1996 में मैंने संग्रहालय का रजत जयंती समारोह आयोजित किया तो उस समय तत्कालीन रेलमंत्री के सामने ही मैंने अपने इस निश्चय की घोषणा की कि मैं रेल संग्रहालय को भारत के ही नहीं, बल्कि दुनिया के संग्रहालयों में सबसे अच्छा बनाकर दिखाऊँगा। यह भी मेरे लिए एक चुनौती थी और अपने ढाई वर्ष के शेष कार्यकाल के भीतर ही मैंने अपना निश्चय पूरा करके दिखा दिया।

□

14

कर्मचारी संघ

भारत में सार्वजनिक अथवा सरकारी क्षेत्र में कर्मचारी संघों की भरमार है। अत: इस क्षेत्र में सफलतापूर्वक कार्य-संपादन करने के लिए इन संघों को सँभालना अत्यंत महत्त्वपूर्ण है। संघों के मामलों का निपटारा भी बहुत सावधानी से किया जाना चाहिए, जबकि हमारे यहाँ प्राय: स्थिति इसके उलट दिखाई देती है।

यहाँ हमें ध्यान रखना चाहिए कि (कर्मचारी) संघ हमारी व्यवस्था का एक महत्त्वपूर्ण और अनिवार्य अंग हैं। ये संघ अपने सदस्य-कर्मचारियों के लिए एक फोरम का कार्य करते हैं, जहाँ वे अपनी शिकायतें दर्ज कराकर उनका निवारण करते हैं। प्रबंध की कमजोरी, संवेदनहीनता तथा पक्षपातपूर्ण रवैए से ही इन संघों को शक्ति मिलती है। सच यह है कि (कर्मचारी) संघ और प्रबंध दोनों ही हमारी व्यवस्था के अनिवार्य अंग हैं और दोनों का साथ-साथ चलना भी आवश्यक है। अत: दोनों के बीच मजबूत और सहयोगपूर्ण संबंध होना चाहिए। यह बात हमें शीघ्रातिशीघ्र समझकर लेनी चाहिए। आपको जानकर आश्चर्य हो सकता है, लेकिन बात बिलकुल सच है कि पच्चीस वर्षों के अपने सेवाकाल में मुझे कर्मचारी संघ से संबंधित किसी बड़ी समस्या का सामना कभी नहीं करना पड़ा; विशेषकर उस स्थिति में, जब प्रबंधन कुशल, सक्षम और पक्षपात-रहित रहा हो। (कर्मचारी) संघों और प्रबंधन के बीच जो कुछ होता है, वह सामान्यतया देश की कार्य-प्रवृत्ति

की झलक प्रस्तुत करता है, जहाँ ऐसा व्यक्ति भी दूसरों पर फब्तियाँ कसने से नहीं चूकता, जो स्वयं दोष-सिद्ध है।

परिवीक्षाधीन प्रशिक्षण के वे दिन मुझे आज भी अच्छी तरह याद हैं, जब वरिष्ठ अधिकारियों द्वारा हमें कर्मचारी अथवा श्रमिक संघों के कारण उत्पन्न चुनौतियों के प्रति सचेत किया जाता था। संघों को हमेशा एक समस्या अथवा विरोधी शक्ति के रूप में ही प्रस्तुत किया जाता रहा था, जिसका रेलवे के किसी भी मेकैनिकल इंजीनियर को सामना करना पड़ता है। धारणा यही है कि संघ हमेशा अनुचित माँगें उठाते रहते हैं और अपनी माँगों को मनवाने के लिए वे किसी भी हद तक जा सकते हैं : अधिकारियों को तंग करने की हद तक भी।

अत: सलाह दी जाती है कि उनसे निपटने के लिए कूटनीति का सहारा लिया जाए और जो ऐसा नहीं कर सकता, वह मुश्किल में पड़ सकता है। इन्हीं धारणाओं के साथ मैंने आंध्र प्रदेश के अनंतपुर जिले के गूटी (Gooty) स्थित डीजल लोकोमोटिव शेड में कदम रखा था। मैंने ईमानदार और पक्षपात-रहित बने रहते हुए अपना कार्य करने का निश्चय कर लिया था। दूसरे अनेक अधिकारियों की तरह वहाँ मेरे भी कुछ प्रिय लोग थे, लेकिन वे मुझे सिर्फ इसलिए प्रिय थे कि वे ईमानदार थे। गूटी में मुझे पहला सबक मिला कि श्रमिक संघ हमारी व्यवस्था का एक अनिवार्य अंग हैं। संघों का कार्य अपने श्रमिक सदस्यों को अन्याय और शोषण से बचाना है। लेकिन जहाँ तक मेरी बात है, मुझे उनकी ओर से भरपूर सहयोग और समर्थन मिला। जी हाँ, मैंने स्वयं भी उनके प्रति सहानुभूति प्रदर्शित की, क्योंकि वे अधिकारी वर्ग के पक्षपातपूर्ण और संवेदनाविहीन व्यवहार के खिलाफ संघर्ष कर रहे थे।

श्रमिक संघों के साथ मेरा दूसरा अंतर्व्यवहार पतरातू में हुआ, जब मैं कथित रूप से शाखा अधिकारी बन गया था। पतरातू दक्षिणी बिहार का एक कुख्यात क़स्बा है, जो अपने गुंडों के लिए विशेष रूप से जाना जाता है। इन गुंडों को एक कुख्यात संगठन इंडियन पीपुल्स फ्रंट का संरक्षण प्राप्त है। मेरे

पूर्ववर्ती अधिकारी प्राय: श्रमिक संघों से परेशान ही रहते थे। ये श्रमिक संघ कभी-कभी तो अधिकारियों को धमकी देने या उन्हें व्यक्तिगत रूप से नुकसान पहुँचाने की हद तक भी चले जाते थे। मैंने अपने स्टाफ से सीधे संपर्क स्थापित करना शुरू कर दिया और सप्ताह में एक बार धनबाद के दौरे पर जाने लगा, जिसमें स्टाफ से संबंधित लंबित मामले मेरे व्यक्तिगत एजेंडे में शामिल होते थे। शीघ्र ही स्थिति बदलने लगी और स्टाफ के सदस्य श्रमिक संघ को अपने मसीहा अथवा रक्षक के रूप में देखने की बजाय मुझे अपने संरक्षक के रूप में देखने लगे। संघ नेताओं ने उन्हें अपनी ओर मिलाने की बहुत कोशिश की, लेकिन अंतत: उन्हें हार माननी पड़ी। धीरे-धीरे स्थिति यहाँ तक पहुँच गई कि दोनों ही मान्यता प्राप्त श्रमिक संघ दरकिनार हो गए। वैसे इन संघों का अस्तित्व बना रहे, यही सोचकर मैं उनके नेताओं को अपने पास चाय पर बुलाने लगा था। इससे पूरा माहौल खुशनुमा हो गया और इस प्रकार एक आदर्श अधिकारी- श्रमिक संबंध भी स्थापित हो गया।

यहाँ एक और बात उल्लेखनीय है कि मेरे सभी कार्यकालों में संघ अथवा संघ के नेता प्राय: मेरा संदेश स्टाफ के सदस्यों तक पहुँचाने में लगे रहते थे। और संदेश क्या होते थे—मन लगाकर काम करें, अनुशासन और व्यक्तिगत ईमानदारी कायम रखें; अनुशासन और व्यक्तिगत ईमानदारी कायम रखें; संगठन के प्रति निष्ठावान् बने रहें। सचमुच, ये श्रमिक संघ मेरे और मेरे मानव संसाधन के बीच की एक महत्त्वपूर्ण कड़ी बन गए थे।

श्रमिक संघों की उपयोगिता से संबंधित मेरे विश्वास को मध्य प्रदेश राज्य पर्यटन विकास निगम में मेरे कार्यकाल के दौरान और भी बल मिला। यहाँ के श्रमिक संघ देश के उत्तरी हिस्से के श्रमिक संघों की तरह मजबूत तथा संगठित नहीं थे। शायद इसका कारण यहाँ की आम जनसंख्या की स्वाभाविक विनम्रता ही थी। सचमुच, यहाँ के लोग देश के उत्तरी हिस्से में रहनेवाले लोगों की अपेक्षा अधिक सरल और विश्वसनीय हैं। यहाँ के श्रमिक संघों ने भी निगम को घाटे की स्थिति से बाहर निकालने में मेरा भरपूर सहयोग किया। सामान्यतया श्रमिक संघों के बारे में जो आम धारणा होती है,

उससे संबंधित एक भी उदाहरण मुझे यहाँ देखने को नहीं मिला। इसके विपरीत, वे स्टाफ के सदस्यों को अच्छा-से-अच्छा प्रदर्शन करने के लिए बराबर प्रोत्साहित ही करते रहे। हाँ, भोपाल के होटल अशोक में स्थिति थोड़ी अलग देखने को मिली। यहाँ का श्रमिक संघ बीती तारीख से वेतन वृद्धि की माँग पर अड़ गया था। वह निगम की आर्थिक स्थिति की ओर ध्यान नहीं दे रहा था। इस प्रकार स्थिति कुछ गंभीर हो गई थी। तभी एक दिन मैंने स्टाफ के सभी सदस्यों को अपने पास बुलाया और उनके सामने सारी स्थिति स्पष्ट कर दी। मैंने उन्हें बताया कि उनकी माँग पूरी न कर पाने का कारण निगम की आर्थिक स्थिति ही है। इस प्रकार मैंने सारी बात खोलकर उनके सामने रख दी। इसका असर तत्काल देखने को मिला और वे रास्ते पर आ गए। मैं समझता हूँ कि इस प्रकार सीधी-सीधी बात करके श्रमिक संघों के कारण उत्पन्न समस्या को प्रभावी ढंग से निपटाया जा सकता है। मुख्य कार्यकारी अधिकारी यदि अपने स्टाफ से इस प्रकार सीधे संपर्क स्थापित करके अपनी स्थिति उनके सामने खुलकर रखें तो शायद ही कभी उसे श्रमिक संघ के कारण किसी बड़ी समस्या का सामना करना पड़े।

□

15

मीडिया की भूमिका

मीडिया से निपटना किसी भी मुख्य कार्यकारी अधिकारी के लिए संभवत: सबसे महत्त्वपूर्ण और संवेदनशील मामला है। सच तो यह है कि मीडिया के सीधे संपर्क में रहना किसी भी संगठन और उस संगठन के मुख्य कार्यकारी अधिकारी की सफलता के लिए अत्यंत महत्त्वपूर्ण है। मीडिया की खबरों अथवा टिप्पणियों का संगठन की सार्वजनिक छवि पर गहरा प्रभाव पड़ता है। सचमुच, मीडिया चाहे तो किसी व्यक्ति या संगठन को बना दे और चाहे तो बिगाड़ दे। अत: मीडिया से संबंधित मामला जोखिमपूर्ण और संवेदनशील होता है।

मीडिया से संबंधित मेरा अनुभव बहुत अच्छा रहा है। मेरी सफलता पर मीडिया ने मेरी प्रशंसा की है; साथ-ही-साथ आम जनता तथा मेरे अपने स्टाफ के साथ मेरे संपर्क के माध्यम के रूप में भी कार्य किया है। इतना ही नहीं, विरोधी और बुरी ताकतों के कारण उत्पन्न विपरीत परिस्थितियों में भी वह मेरे साथ रहा है। मेरे बुरे-से-बुरे समय में भी, जब मीडिया मेरे विरोधियों का पक्षधर रहा था, उस समय भी उसने मेरे खिलाफ व्यक्तिगत रूप से कुछ भी नहीं लिखा। मेरे कुछ मित्र भी मीडिया में हैं, जो जीवन भर के लिए मेरे मित्र हैं।

मेरा अनुभव यही कहता है कि मीडिया सामान्यतया—कुछेक अपवादों को छोड़कर—पक्षपात-रहित होकर सच्चाई का ही साथ देता है। वह

मेहनती और ईमानदार लोगों का समर्थन करता है और जनता में उनका प्रचार करता है। रेल संग्रहालय में मेरे द्वारा किए जानेवाले सभी कार्यों से संबंधित खबर मीडिया प्रकाशित करता रहता था, अन्य रेलकर्मियों के लिए ईर्ष्या का विषय बन गया था। केंद्रीय पर्यटन मंत्रालय में भी यही स्थिति थी, विशेषकर उस समय, जब मैं भारतीय पर्यटन विकास निगम में था। मीडिया ने यहाँ अपना असली रंग दिखाते हुए कार्य-संपादन का खुलकर समर्थन किया—ऐसे देश में जहाँ कार्य-संपादन जैसी चीज नहीं के बराबर ही देखने को मिलती है।

मेरे अनुभव के अनुसार, मीडिया सीधी-सरल बात करनेवाले लोगों को ही पसंद करता है। वह आमतौर पर ऐसे लोगों के खिलाफ है, जो पहले कोई बात स्वयं ही कहते हैं और जब स्थितियाँ प्रतिकूल होने लगती हैं तो अपनी बात से मुकर जाते हैं। यह बात मेरी समझ में नहीं आती कि किसी व्यक्ति के वक्तव्य का गलत अर्थ कैसे लगाया जा सकता है, जब तक वह व्यक्ति स्वयं अपने कार्य से उस अर्थ की ओर अपना झुकाव न दिखाए।

संदिग्ध वक्तव्य ही प्राय: व्यक्ति को मीडिया से संबंधित विवाद में डालते हैं। मैंने अपने पूरे सेवाकाल में मीडिया के सामने सच्ची-सीधी स्थिति रखने की नीति ही अपनाई है। मेरे साथ कभी गलत अर्थ लगाए जाने की समस्या नहीं हुई। मीडिया ईमानदारी और स्पष्टता को महत्त्व देता है। लेकिन एक बात तो तय है कि मीडिया ऐसे व्यक्ति का कभी भी समर्थन नहीं करेगा, जो भीतर से कमजोर हो या जो गलत रास्ते पर चल रहा हो। कार्य-संपादन ही इन सब मामलों का मूल है और इसके बिना उपर्युक्त कोई भी प्रयास सफल नहीं हो सकता।

□

16

सोचें नहीं, निर्णय लें

ज्यादा सोच–विचार में न उलझते हुए तत्काल निर्णय लेना मेरी कार्य–शैली का एक अंग रहा है। स्थिति के सकारात्मक और नकारात्मक पहलुओं का विश्लेषण करके तत्काल निर्णय लेने की क्षमता किसी भी कार्य में सफलता प्राप्त करने के लिए आवश्यक है। सरकारी विभागों के अधिकारी प्राय: निर्णय न लेने की कला में दक्ष होते हैं। सचमुच, यह हमारे देश के लिए किसी अभिशाप से कम नहीं है। किसी नौकरशाह को अधिकार देकर देखें, उसकी सोच–विचार की प्रक्रिया तुरंत शुरू हो जाएगी। जब होटल में प्रयुक्त होनेवाले तौलिए के रंग का निर्धारण भी प्रबंध निदेशक ही करने लगे, तब तो सचमुच निगम को भगवान् ही बचा सकता है। लेकिन हमारे लिए तो यह भी एक दुर्भाग्य ही है कि भगवान् स्वयं सरकार चलाने या कोई संगठन चलाने के लिए स्वर्ग से अवतरित नहीं होता। उसके पास और अच्छे कार्य करने को हैं, इसीलिए तो ये कार्य उसने हमारे लिए छोड़ दिए हैं।

सच पूछा जाए तो सारा दोष नौकरशाहों का ही नहीं है। उन्हें तो पहले ही दिन से यह सिखा दिया जाता है कि उनका काम फाइलें निपटाना है और इसी सिद्धांत पर चलते हुए वे शाश्वत रूप से फाइलों में ही उलझे रहते हैं। यही कारण है कि हमें मोटी–मोटी फाइलें देखने को मिलती हैं, जो मुश्किल से ही कभी समाप्त होती हैं; क्योंकि एक बार उठा कोई मामला हमेशा–हमेशा के लिए हमारी फाइलमूलक व्यवस्था में उलझकर रह जाता है। फाइल पर

सौ-सौ हस्ताक्षर इसीलिए होते हैं कि गलत निर्णय की स्थिति में किसी एक व्यक्ति को जिम्मेदार न ठहराया जा सके, इसलिए नहीं कि जो भी निर्णय लिया जाए, वह अच्छी तरह सोच-समझकर और सभी की सहमति से लिया जाए। सफलता की स्थिति में श्रेय लेने के लिए सभी लोग एक स्वर में बोल उठेंगे और असफलता की स्थिति में कोई भी अपनी जवाबदेही मानने के लिए तैयार नहीं होगा। सचमुच, सरकारी व्यवस्था में निर्णय-निर्धारण प्रक्रिया एक मजाक बन गई है।

निर्णय लेना कोई कला नहीं है। तत्काल निर्णय लेना किसी भी व्यक्ति, संस्था अथवा संगठन की सफलता के लिए अत्यंत आवश्यक है। यदि इन बातों का ध्यान नहीं रखा जाता तो कोई भी व्यवस्था अपने बल पर खड़ी नहीं रह सकती। हमारे व्यक्तिगत जीवन में भी प्रायः ऐसे मौके आते हैं, जब तत्काल निर्णय लेना जरूरी हो जाता है। बच्चों को स्कूल/कॉलेज में दाखिला दिलाने का मामला हो या बेटी-बेटे के विवाह का अथवा फिर मकान या घरेलू वस्तुओं के क्रय का मामला हो—सब जगह हमें निर्णय लेना पड़ता है। व्यक्तिगत जीवन में ऐसे कई अन्य मामले भी हो सकते हैं, जहाँ हमें शीघ्रातिशीघ्र और बुद्धिमत्तापूर्ण निर्णय लेना पड़ता है। तो आखिर हम सरकारी मामलों में ही निर्णय लेने से क्यों बचना चाहते हैं? चम्मच खरीदने जैसे छोटे-से-छोटे मामले में भी निर्णय लेने के लिए हम जेट प्रशिक्षक विमान खरीदने के मामले जितना ही सोच-विचार क्यों करते हैं? घरेलू मामलों में अच्छे-से-अच्छे निर्णय लेनेवाले लोग भी आखिर सरकारी दफ्तर में पहुँचकर फाइलें घुमाना क्यों शुरू कर देते हैं?

बात चाहे केंद्रीय सरकारी विभागों/संगठनों की हो या फिर राज्य सरकारों की, सब जगह हमें यही परिपाटी देखने को मिलेगी। निर्णय तो कहीं लिये ही नहीं जा रहे हैं। हर काम के लिए एक फाइल बनाई जाती है और फिर वह फाइल दफ्तरों, चैंबरों और अधिकारियों का चक्कर लगाना शुरू कर देती है। बहुत समय बीत जाने के बाद जब फाइल पूरी भी होती है तो उस समय शायद हम यह भूल चुके होते हैं कि वह फाइल वास्तव में किस

उद्‌देश्य अथवा कार्य के लिए बनाई गई थी। निर्णय-निर्धारण की इस जटिल दुनिया में फाइल ही मुख्य उद्‌देश्य बन जाती है और निर्णय-निर्धारण की प्रक्रिया पीछे छूट जाती है। फाइल चलती रहनी चाहिए—बाएँ, दाएँ, ऊपर या नीचे कहीं भी। फाइल से संबंधित मसला सुलझे या न सुलझे, क्या फर्क पड़ता है! आधिकारिक मामलों पर निर्णय लेना या मसले को निपटाना लोगों ने छोड़ ही दिया है, जैसे यह उनके उत्तरदायित्व-क्षेत्र से बाहर की बात हो गई हो। उस समय तो स्थिति और भी देखने लायक हो जाती है, जब फाइल पर निर्णय लिये जाने की आवश्यकता हो और उसे देखनेवाला अधिकारी निर्णय लेना नहीं चाहता हो।

आखिर हमने निर्णय लेना बंद क्यों कर दिया है? इसका कारण शायद यही है कि इस जटिल नौकरशाही व्यवस्था में एक गलती भी हमें बड़ी मुश्किल में डाल सकती है। जब भी हम कोई निर्णय लेते हैं तो सवाल उठाया जाता है कि उसमें हमारा क्या स्वार्थ निहित है, उसके पीछे हमारी महत्त्वाकांक्षा क्या है आदि-आदि। और फिर निर्णय-निर्धारण से अब तक किसी को मिला ही क्या है? यहाँ तो उसी की प्रशंसा होती है, जो चाटुकारिता में रत हो और भ्रष्टाचार में दक्ष हो, जो आँखें बंद करके गुलामी करना जानता हो, जो कभी भूलकर भी अपना मस्तिष्क इस्तेमाल न करता हो। हमारे पास निर्णय-निर्धारण की कला पर रचित पुस्तकें हैं, लेकिन वे केवल शैक्षिक उद्‌देश्य के लिए या फिर चर्चा के लिए हैं, न कि हमारे कार्यों में लागू करने के लिए। लेकिन इनका वास्तविक उद्‌देश्य केवल शिक्षा देना नहीं बल्कि उस शिक्षा के माध्यम से हमें अपने संगठन/संस्था को बेहतर बनाने में सक्षम करना है।

मुझे अच्छी तरह याद है, जब अगस्त 1997 में फेयरी क्वीन एक्सप्रेस को यादगार यात्रा के लिए चलाया जाना था; उसी वर्ष अक्तूबर से उसे नियमित रूप से चलाया जाना था। संभवत: 16 अगस्त का दिन था, जब यह निर्णय लिया गया कि यादगार य्रात्रा नौकरशाहों, राजनयिकों, ट्रैवल एजेंटों और मीडिया-कर्मियों को लेकर निर्धारित योजना के अनुसार ही निकलेगी। फेयरी क्वीन सन् 1855 के समय पुरानी बनावट का इंजन था, इसलिए उसमें

सपाट बियरिंग एक्सल लगे हुए थे, जिन्हें रोलर बियरिंगों द्वारा रोककर रखा जाता था। उल्लेखनीय है कि भारतीय रेल के पास लोकोमोटिव, कोच और वैगन हुआ करते थे, जो अपने एक्सलों पर सपाट बियरिंगों द्वारा जुड़े होते थे; दरअसल उस समय की तकनीक ही ऐसी थी। सपाट बियरिंगों में पीतल की बनी एक मुड़ी हुई बियरिंग लगी होती है, जिसकी एक परत सफेद धातु की होती है; यही परत एक्सल पर बैठती है। पूरी व्यवस्था एक एक्सल बॉक्स के भीतर होती है, जिसमें घर्षण को कम करने के लिए ग्रीज भरी जाती है। सपाट बियरिंगों पर ही अधिकतम गति सीमा और विश्वसनीयता निर्भर करती है। ये बियरिंगें कभी-कभी गरम हो जाती हैं, जिसे रेलवे की भाषा में 'गरम एक्सल की स्थिति' कहा जाता है। फेयरी क्वीन में भी दिल्ली छावनी से लगभग 40 किलोमीटर दूर गढ़ी हरसरू से अपनी यादगार यात्रा शुरू करने से पहले गरम एक्सल की स्थिति आ गई थी। गरम एक्सल 16 अगस्त को मरम्मत हुई और फिर फेयरी क्वीन अपनी यादगार यात्रा के लिए लगभग तैयार थी; बस एक कमी रह गई थी, यद्यपि गरम एक्सल की मरम्मत हो चुकी थी, लेकिन एक्सल गरम होने के मूल कारण का पता नहीं चल सका था। ऐसे में लोकोमोटिव को गाड़ी में लगाना सुरक्षित नहीं था।

रेलवे का निर्माण अंग्रेजों द्वारा बड़े ही व्यवस्थित और बुद्धिमत्तापूर्ण ढंग से किया गया है। सुरक्षा से संबंधित मामले के आधार पर किसी रेलगाड़ी को रोकने का निर्णय संबंधित तकनीकी कार्य-निरीक्षक के हाथ में दिया गया है। फेयरी क्वीन के मामले में यह जिम्मेदारी नाथूराम को दी गई थी, जो दिल्ली छावनी में तैनात लोकोमोटिव फोरमैन था। रेलगाड़ी में जानेवाले महत्त्वपूर्ण व्यक्तियों की सुरक्षा को ध्यान में रखते हुए उसने गाड़ी को न चलाने का सुझाव दिया। यात्रा स्थगित करना संभव नहीं था। वैसे भी यात्रा स्थगित कर देने से उसका आकर्षण समाप्त हो जाता। उधर, ऐसी स्थिति में गाड़ी में वह इंजन लगाने से उसके फेल हो जाने का भी डर था। इस प्रकार स्थिति असमंजसपूर्ण हो गई थी। मौके पर मुझे ही निर्णय लेना था। मैंने नाथूराम को अपने पास बुलाया और उससे सारी बातें लिखित रूप में देने के

लिए कहा। जो कुछ उसने लिखा, मैंने उसे रद्द करके निर्देश दिया कि गाड़ी जाएगी और जो भी होगा, उसकी जिम्मेदारी मेरी होगी। उसके द्वारा लिखित पत्र, जिस पर मैंने अपना निर्देश भी लिखा था, मैंने उसे लौटाते हुए कहा कि शाम को या तो हम उसे फाड़ देंगे या किसी अप्रिय घटना की स्थिति में वह इस पत्र को दिखाकर स्वयं को बचा सकता है और घटना के लिए मुझे जिम्मेदार ठहरा सकता है। शाम को हमने खुशी-खुशी वह पत्र फाड़ दिया।

मुझे प्राय: अनिश्चय की स्थिति का सामना नहीं करना पड़ा है—कुछेक अति व्यक्तिगत मामलों को छोड़कर। जिस समय मैंने भारतीय पर्यटन विकास निगम की कमान सँभाली थी, उस समय वह विनिवेश मंत्रालय के विनिवेश रूपी हथौड़े के निशाने पर था। विनिवेश मंत्रालय निगम को बेचने में कुछ ज्यादा ही दिलचस्पी दिखा रहा था। ऐसी स्थिति में मेरे सामने चार विकल्प थे—विनिवेश प्रक्रिया को तीव्र करने में मदद करना, (निगम की बिक्री) की प्रतीक्षा करते हुए निगम को डूबते देखते रहना, उसे पुनरुज्जीवित करने के प्रयास में लग जाना या लगातार डूबते रहना। तीसरा विकल्प अपेक्षाकृत मुश्किल भरा था, क्योंकि विनिवेश की परिस्थितियों में निगम को उससे बचाकर पुनरुज्जीवित करना सचमुच एक चुनौतीपूर्ण कार्य था। कार्यभार ग्रहण करने के बाद पहली रात में ही मैंने इन विकल्पों के सकारात्मक और नकारात्मक—दोनों पहलुओं पर अच्छी तरह विचार कर लिया था और अंत में मैंने तीसरा विकल्प ही चुना तथा पूरे जोशो-खरोश से अपने प्रयास में जुट गया। मैंने सभी अधिकारियों तथा स्टाफ के प्रतिनिधियों से बात की और स्पष्ट कर दिया कि किसी भी वाणिज्यिक संगठन का उद्देश्य व्यवसाय करना है, न कि स्वयं को बेचना, इसलिए हमें विनिवेश के बारे में सोचना भी नहीं चाहिए। यह मेरा तत्काल लिया गया बुद्धिमत्तापूर्ण निर्णय था, जिससे अंतत: निगम को लाभ हुआ। ऐसा ही एक और सफल निर्णय था—महाबोधि मंदिर को विश्व विरासत स्थल के रूप में शामिल करने के लिए यूनेस्को में प्रस्ताव दर्ज करवाना। इससे पूर्व जून 2000 में यह प्रस्ताव यूनेस्को को भेजा गया था, जिसके संदर्भ में यूनेस्को द्वारा माँगे गए विभिन्न स्पष्टीकरणों

का उत्तर सफलतापूर्वक भेजा जा चुका था। इन स्पष्टीकरणों में एक स्पष्टीकरण भारत के महा सर्वेक्षक के कार्यालय के माध्यम से मंदिर के सर्वेक्षण से भी संबंधित था। 1 मार्च, 2002 को जब मैंने यूनेस्को के पेरिस स्थित कार्यालय से सुश्री जे. तानिगुची (J.Taniguchi) से फोन पर बात की तो मुझसे सभी स्पष्टीकरणों से युक्त एक नया प्रस्ताव तैयार करके वर्ष 2003 में पुन: दाखिल करने के लिए कह दिया गया। इससे मुझे एक झटका लगा, क्योंकि इस मामले में पहले ही काफी काम किया जा चुका था और वर्ष 2003 में बोधगया के लिए आवेदन किया जाना था तथा संस्कृति विभाग साँची के निकट स्थित प्रागैतिहासिक गुफा-चित्र, भीमबेटका के लिए भी आवेदन करना चाहता था। जे. तानिगुची से फोन पर बात करते समय ही मैंने निश्चय कर लिया था कि मैं पंद्रह दिनों के भीतर पुन: आवेदन तैयार कर लूँगा। तानिगुची की ओर से मुझे पंद्रह दिन का समय मिल गया। इन पंद्रह दिनों में मैंने आवेदन-पत्र से संबंधित सारे कार्य पूर्ण कर लिये। इस दौरान मैं स्कोप (Scope) कांप्लेक्स स्थित अपने कार्यालय से चिपका रहा। 15 मार्च, 2002 को पुन: आवेदन भेज दिया गया और जून 2002 में यूनेस्को ने महाबोधि मंदिर को विश्व विरासत स्थल का दर्जा दे दिया। यह सबकुछ मेरी तत्काल निर्णय लेने की क्षमता का ही परिणाम था।

निर्णय-निर्धारण एक मानसिक व्यायाम है, जिसमें स्थिति के सकारात्मक और नकारात्मक दोनों पहलुओं पर शीघ्र विचार करते हुए स्पष्ट निर्णय लेना होता है। अच्छे निर्णय की पहचान यही है कि उससे संबंधित उद्‌देश्य की पूर्ति होनी चाहिए। लेकिन अधिकतर निर्णय अच्छे होने पर भी बहुत हद तक संभव है कि एकाध निर्णय खराब साबित हो। हममें से अधिकतर लोग इस एकाध खराब निर्णय के डर से निर्णय लेने से ही डरने लगते हैं। यह किसी भी संगठन के लिए हानिकारक है। दुर्भाग्य की बात है कि हमारी नौकरशाही व्यवस्था पुस्तक के आधार पर चलने पर बल देती है। इसमें नियमों, प्रक्रियाओं, औपचारिकताओं पर तो पर्याप्त बल दिया जाता है, पर अच्छी निर्णय-प्रक्रिया पर नहीं। अत: एक गलत निर्णय भी व्यक्ति को बड़ी

मुश्किल में डाल सकता है। ऐसे में नुकसान संगठन को ही होता है; लेकिन उसकी चिंता किसे है! मुझे अच्छी तरह याद है, पर्यटन विभाग में आने पर जो सबसे पहली फाइल मुझे देखनी पड़ी थी, वह एक जनसंपर्क एजेंसी की नियुक्ति से संबंधित थी और मुझे पृष्ठ संख्या 107 पर अपनी टिप्पणी लिखनी थी। सचमुच, यह देखकर मुझे हँसी आई थी कि फाइल मुझसे पहले इतने लोगों के पास जा चुकी थी और कम-से-कम सौ पृष्ठ टिप्पणियों से भर गए थे, पर निष्कर्ष कुछ नहीं निकल सका था। यह तो एक उदाहरण मात्र है। ऐसी हजारों फाइलें आपको देखने को मिल जाएँगी, जो सरकारी दफ्तरों और अधिकारियों के चक्कर ही लगाती रह जाती हैं; उन पर कोई निर्णय नहीं लिया जा सकता। पुराने लंबित मामले हमेशा-हमेशा के लिए लंबित ही पड़े रह जाते हैं। इन परिस्थितियों में यदि कोई मामलों को निपटाने के लिए निर्णय लेता भी है तो उस पर उँगलियाँ उठने लगती हैं। उसे या तो अति महत्त्वाकांक्षी मान लिया जाता है या फिर स्वार्थ-प्रेरित मानकर उसे जाँच और सतर्कता विभाग के जाल में उलझा दिया जाता है। ऐसे में कोई निर्णय लेना ही क्यों चाहेगा? वर्तमान निर्णय-निर्धारण की प्रक्रिया की विडंबना को देखते हुए मुझे तो यही लगता है कि हमें अपनी व्यवस्था में आमूलचूल परिवर्तन लाकर निर्णय-निर्धारण प्रक्रिया को प्रभावशाली बनाना बहुत आवश्यक हो गया है। इससे व्यक्तिगत संतुष्टि की भावना भी पैदा होगी।

यदि कार्य-संपादन को ही अपना अंतिम लक्ष्य मानकर कार्य किया जाए तो निर्णय-निर्धारण की प्रक्रिया आसान और प्रभावी बन सकती है। इस प्रकार उद्देश्य की स्पष्टता यहाँ सर्वाधिक महत्त्वपूर्ण है। मुझे याद है, जब राष्ट्रीय रेल संग्रहालय में नई जान फूँकने के लिए मैंने जो योजना बनाई थी, उसमें एक कार्य कलात्मक वस्तुओं (प्राय: सौगात के रूप में दी जानेवाली) की एक अच्छी दुकान शुरू करना भी शामिल था। इस प्रकार की वस्तुएँ तैयार करने, उन्हें खरीदने का कार्य परंपरागत सरकारी व्यवस्था के अंतर्गत नहीं सँभाला जा सकता। लेकिन हम ऐसा बराबर करते हैं। आलू खरीदने का कार्य भी ठीक वैसा ही है जैसा पेंटिंग जैसी कलात्मक अथवा रचनात्मक

वस्तुएँ खरीदने का। मैं तो हमेशा से यही मानता आया हूँ कि रचनात्मकता स्वाभाविक रूप से स्वत्वाधिकारमूलक होती है, लेकिन हमारी व्यवस्था यह बात स्वीकार करने के लिए तैयार नहीं दिखाई देती। परंतु मैंने तो रेलवे की तर्ज पर ही कलात्मक वस्तुओं की एक नई दुकान शुरू करने और उसे नाना प्रकार की रचनात्मक वस्तुओं से भरने का निश्चय कर लिया था। उसके बाद ही मुश्किल शुरू हो गई। (दुकान के लिए) एक कमरा बनाने के लिए भी साल-साल भर चलनेवाली प्रक्रिया से गुजरना पड़ता था। प्रक्रिया की जटिलता को देखते हुए मुझे लगा कि इसी तरह चलता रहा तो कोई भी निर्णय नहीं लिया जा सकेगा। यही सोचकर मैं राजस्व वितरण संबंधी मामले के प्रमुख के पास गया और एक मूल्य-उद्धरण प्रक्रिया से गुजरते हुए कमरा तैयार करवा लिया। उसके बाद कलात्मक वस्तुओं के विकास का कार्य शुरू हुआ। मैं नित्य नई कलात्मक वस्तुओं के बारे में सोचता रहता था और अगले दिन सुबह कार्यालय पहुँचकर उस पर काम शुरू करवा देता था। इस तरह की रचनात्मक वस्तुओं का निर्माण किसी अकेली एजेंसी के माध्यम से ही करवाया जा सकता है, अतः मुझे कई नियमों-प्रक्रियाओं में फेर-बदल भी करना पड़ा। हालाँकि यह जोखिम भरा था, लेकिन मैं तो हमेशा से यही मानता आया हूँ कि इरादे नेक हों और उद्देश्य में ईमानदारी हो तो वह किसी भी नियम भंग से बचाने के लिए रक्षा कवच का काम करता है। मेरे प्रयासों से संग्रहालय में ऑडियो-वीडियो कैसेटों, लोकोमोटिव के नमूनों, रूमालों, टाइयों और स्कॉर्फों सहित कई प्रकार की कलात्मक-रचनात्मक वस्तुएँ बिक्री के लिए उपलब्ध हो गई थीं।

इसी तरह एक और जटिल निर्णय-निर्धारण प्रक्रिया का उदाहरण है—अंतरराष्ट्रीय हवाई अड्डों पर निगम की दुकानों में बेची जानेवाली वस्तुओं के मूल्य की विभिन्नता। यहाँ भी मेरे पास ईमानदारी का हथियार था, जिसके बल पर मैंने सफलता प्राप्त की। मेरा उद्देश्य स्पष्ट था—ड्यूटी-फ्री दुकानों का लाभ बढ़ाते हुए राजस्व में वृद्धि करना। मैंने पाया कि ड्यूटी-फ्री दुकानों पर वस्तुओं की मूल्य-निर्धारण प्रक्रिया पूरी तरह से वितरित मूल्य-

व्यवस्था पर आधारित थी, जिसका सभी सरकारी वाणिज्यिक प्रतिष्ठान पूरी तरह से पालन करते हैं। इस कारण स्थिति यह हो गई थी कि वस्तुएँ जिस मूल्य पर बेची जा रही थीं, वह अंतरराष्ट्रीय ग्राहकों के लिए अनुकूल नहीं था; अत: वे बाहर से ही वस्तुएँ खरीदना पसंद करते थे। भारतीय विमान पत्तन प्राधिकरण द्वारा रखी गई ऊँची शुल्क-दर के कारण स्थिति और भी जटिल हो गई थी। इस स्थिति से निपटने का एक ही रास्ता था—वस्तुओं के मूल्य में लोचशीलता लाकर बिक्री को तेजी से बढ़ाना। आलोचकों के विरोध से ऊपर उठते हुए मैंने एक लोचशील मूल्य-प्रणाली अपनाते हुए शराब, तंबाकू, परफ्यूम आदि वस्तुएँ कम कीमत पर उपलब्ध करवा दीं, जिससे वे दुबई, सिंगापुर जैसे हवाई अड्डों पर बिकनेवाली संबंधित वस्तुओं के साथ प्रतिस्पर्धा में आने में सक्षम हो गईं। इसका असर जल्दी ही देखने को मिला—ड्यूटी-फ्री दुकानों का कुल टर्नओवर तेजी से बढ़ने लगा और ड्यूटी-फ्री दुकानें आज भी अच्छी चल रही हैं।

इस संदर्भ में तत्काल निर्णय लेने की प्रक्रिया का एक अन्य उदाहरण कुतुब होटल से मानव संसाधन केंद्र को निगम से अलग करने से संबंधित है, जो विनिवेश विभाग के निविदा मामले के अंतिम चरण से दो दिन पूर्व ही किया गया था। यह मानव संसाधन केंद्र कर्मचारियों को सेवा के दौरान प्रशिक्षण प्रदान करने के लिए था। होटलों की बिक्री के बाद अब दो ही विकल्प बचे थे—या तो केंद्र को बंद कर दिया जाता या फिर उसे इतना सक्षम और बड़ा बनाया जाता कि उसमें बाहरी लोगों को भी प्रशिक्षण दिया जा सकता। हमने दूसरे विकल्प पर काम करने, यानी मानव संसाधन केंद्र को विस्तृत करके उसे एक स्वायत्त संस्था में बदलने—का निश्चय किया। इसमें तात्कालिक बाधा यह थी कि कुतुब होटल बिकने वाला था और चूँकि प्रशिक्षण ढाँचा भी उसकी परिधि में ही आता था, अत: होटल के साथ ही उसके भी बिक जाने की आशंका बनी हुई थी।

रात के लगभग दस बजे होंगे, जब मैं होटल में पहुँचा; वहाँ मैंने होटल की संपूर्ण संपत्ति का अच्छी तरह मुआयना किया और फिर यह विचार करने

लगा कि किस प्रकार प्रशिक्षण केंद्र और टेनिस कोर्ट को होटल की संपत्ति की परिधि से अलग किया जा सकता है। होटल के महाप्रबंधक पिपलानी भी मेरे साथ थे। होटल का अच्छी तरह मुआयना करने के बाद मैं उनके साथ जाकर उनके कमरे में बैठ गया। कंप्यूटर पर बैठकर मैंने लिखित रूप से अपना तर्क तैयार करना शुरू कर दिया कि क्यों प्रशिक्षण केंद्र और टेनिस कोर्ट—दोनों ही होटल की संपत्ति से अलग हैं और किस प्रकार उन्हें निगम की संपत्ति में शामिल रखा जाना चाहिए। अगले दिन सुबह ही मैंने वह पत्र सरकार को सौंप दिया। अंततः मेरा सुझाव स्वीकार कर लिया गया और इस प्रकार मानव संसाधन विकास केंद्र तथा टेनिस कोर्ट दोनों ही निगम की संपत्ति में बने रहे।

इसी तरह, होटल अशोक की कहानी भी कम दिलचस्प नहीं है। होटल के राजस्व में वृद्धि करने के लिए कई उपाय एक साथ किए जा रहे थे, जिसमें नए रेस्त्राँ खोलना, एक मदिरालय और एक डिस्को शुरू करना भी शामिल था। यह विचार उस समय रखा गया था, जब होटल के राजस्व में वृद्धि करने के लिए विभिन्न विकल्पों पर विचार-विमर्श किया जा रहा था। वह वर्ष 2002 का अप्रैल माह था, जब व्यापक विचार-विमर्श के बाद एक-एक दक्षिण भारतीय, एक कश्मीरी व कोरियाई रेस्त्राँ तथा मदिरालय और डिस्को हाउस शुरू करने का निर्णय लिया गया। ये रेस्त्राँ, मदिरालय तथा डिस्को हाउस निजी क्षेत्र की भागीदारी से दीर्घकालीन संविदा के आधार पर चलाए जाने थे। उसके बाद निविदाएँ आमंत्रित की गईं और एक लंबी किंतु अपेक्षाकृत कुशल प्रक्रिया के बाद ये सभी अतिरिक्त सुविधाएँ होटल अशोक में उपलब्ध हो गईं। इस प्रकार, निगम के पास लाभ की एक निश्चित राशि आने लगी। इन उद्यमों से निगम की आर्थिक स्थिति काफी अच्छी हो गई थी। लेकिन इस पर भी कुछ आलोचक अपने निहित स्वार्थ के चलते यह कहने लगे थे कि मैंने होटल को बेचे जाने से रोककर उसे धीरे-धीरे मारनेवाला जहर दे दिया है। ऐसा नहीं है कि उपर्युक्त उद्यमों के बारे में निर्णय लेते समय किसी प्रकार के विरोध का सामना नहीं करना पड़ा। जी हाँ,

इसका जोरदार विरोध हुआ था, क्योंकि कई लोगों को यह लगने लगा था कि होटल के भीतर इतनी सारी संविदाओं की उपस्थिति में उसका विनिवेश असंभव हो जाएगा। लेकिन मैंने भी दृढ़ निश्चय कर लिया था कि चाहे जो भी हो, ये नए उद्यम जरूर शुरू होंगे और मैं होटल को लाभ की ओर ले जाकर ही रहूँगा। यह मेरा दृढ़ निश्चय ही था कि इतने विरोध के बावजूद मैं अपने प्रयास में सफल रहा।

मुझे काफी पहले ही यह अनुभव हो गया था कि निर्णय-निर्धारण एक व्यक्तिगत मामला है। इसमें सामूहिक उत्तरदायित्व की प्रक्रिया जैसी कोई बात नहीं होती। सामूहिक निर्णय-निर्धारण अथवा उत्तरदायित्व की प्रक्रिया में हम काम को निपटाने के बजाय और उलझा लेते हैं तथा हमारे यहाँ आज यही सब हो रहा है। निर्णय चाहे छोटा हो या फिर बड़ा, उसका निर्धारण व्यक्तिगत रूप से एक ही व्यक्ति द्वारा किया जाना चाहिए, बाद में निर्णय की सफलता अथवा असफलता की स्थिति में श्रेय या दोषारोपण के लिए उसी व्यक्ति की जवाबदेही होनी चाहिए। यदि कोई बड़ा मामला है, जो व्यापक प्रभाव उत्पन्न कर सकता है, तो उस पर निर्णय लेते समय संबंधित व्यक्ति अपने सहकर्मियों अथवा अधीनस्थों या वरिष्ठों, विशेषज्ञों की सलाह ले सकता है, लेकिन अंतिम निर्णय उसका अपना ही होना चाहिए। व्यक्तिगत क्षेत्र अथवा विकसित अर्थव्यवस्थाओं के उद्यमों/संगठनों में ऐसा ही होता है। यह बात हम जितनी जल्दी समझ सकें उतना ही अच्छा है। लेकिन क्या हम इसे समझने की राह पर हैं? उत्तर नकारात्मक ही हो सकता है। हमारा सरकारी तंत्र ही कुछ इस प्रकार है कि छोटे-से-छोटे मामले, यहाँ तक कि प्रसाधन कक्ष अथवा शौचालय का रंग जैसे मामले, पर भी सामूहिक निर्णय-निर्धारण प्रक्रिया का सहारा लिया जाता है। ऐसे में जब तक संबंधित समूह का एक-एक व्यक्ति किसी निर्णय पर अपनी सहमति नहीं देता तब तक कुछ भी नहीं हो पाता। विडंबना यह भी है कि इस निर्णय-निर्धारण प्रक्रिया में भूमिका अदा करनेवाला प्रत्येक सदस्य नकारात्मक शक्तियों से युक्त होता चला जाता है। देश भर में बनी सरकारी इमारतों में आपको चैंबरों और

अधिकारियों की कतार देखने को मिल जाएगी, जो काम करने की बजाय काम को रोकना अपना कर्तव्य मानकर अपने काम में व्यस्त रहते हैं। इस पर भी हम हैरानी प्रकट करते हैं कि आखिर हमारा देश आगे क्यों नहीं बढ़ रहा है! हमें यह भूल जाना होगा कि कोई निर्णय-निर्धारण प्रक्रिया भी है; बस, हमें यही मानकर चलना होगा कि हमारे सामने एक प्रक्रिया है, जो कभी-कभी निर्णय-निर्धारण का कार्य भी करती है।

□

17

पार्श्व-चिंतन

मुझे आश्चर्य होता है कि आखिर हम इस प्रकार की परंपरागत व्यवस्था पर सवाल क्यों नहीं उठाते? शायद हम पुरानी सोच और पुरानी व्यवस्था के आधार पर चलने के आदी हो गए हैं। नियमों-प्रक्रियाओं की इतनी बहुलता के चलते कई बार हम इन्हीं नियमों-प्रक्रियाओं से निपटने में ही उलझे रह जाते हैं और इस प्रकार हमारा वास्तविक उद्देश्य पीछे छूट जाता है। उच्च स्तर पर भी देखा जाए तो किसी परियोजना से संबंधित अंतिम निर्णय लेने के लिए जितना समय प्रक्रियाओं या औपचारिकताओं को पूरा करने में लग जाता है उतने समय में परियोजना ही पूर्ण हो सकती है। पूर्व प्रधानमंत्री इंद्रकुमार गुजराल ने अपने स्वतंत्रता-दिवस के भाषण में स्वयं देश में व्याप्त भ्रष्टाचार की स्थिति पर दुःख प्रकट किया था। मैं उनकी टिप्पणी से बहुत दुःखी हुआ था। जब देश की सर्वोच्च कुरसी पर बैठा व्यक्ति ही इस तरह निराश हो जाए तो देश के लिए क्या उम्मीद की जा सकती है। लेकिन इससे भी ज्यादा दुःख की बात यह है कि इस प्रकार की निराशा प्रकट करनेवाले हजारों उच्चाधिकारी आपको मिल जाएँगे।

इस समस्या का हल संभवत: पार्श्व-चिंतन में निहित है। अपने सीमित दायरे से बाहर निकलकर सोचना ही पार्श्व-चिंतन है। दिखाई न देनेवाले अथवा गैर-परंपरागत विकल्पों पर विचार करना पार्श्व-चिंतन है। सचमुच, परंपरागत चिंतन-प्रक्रिया के क्षेत्र से बाहर निकलकर सोचना ही पार्श्व-

चिंतन है। मैं एक सीधे से तार्किक आधार पर चलता हूँ। यदि कार्य करने का हमारा वर्तमान तरीका, चाहे वह निर्णय-निर्धारण का कार्य हो, लेखा और सतर्कता ढाँचे का कार्य हो या फिर कुछ और, हमें दुनिया के विकसित एवं समृद्ध देशों की सूची में उच्च स्थान पर पहुँचाने में सक्षम नहीं रहा है तो जरूर उसमें कोई बड़ा दोष है। अत: हमारी संपूर्ण व्यवस्था, हमारी चिंतन-प्रक्रिया, हमारा तरीका—सबकुछ दोषपूर्ण है। मैंने इसी सिद्धांत पर चलते हुए कार्य किया है और निस्संदेह मैं सफल भी रहा हूँ, भले ही उससे नियमों-प्रक्रियाओं-औपचारिकताओं का उल्लंघन हुआ हो। मैं तो यही मानता हूँ कि ईश्वर एक है, लेकिन उसे प्राप्त करने के रास्ते अलग-अलग हैं; ठीक इसी तरह कार्य-संपादन को सर्वोपरि माना जाना चाहिए, उसे हासिल करने का तरीका अलग-अलग हो सकता है। परंपरागत व्यवस्था अथवा तौर-तरीकों पर ही क्यों चला जाए? क्योंकि ऐसा पुस्तकों में लिखा है। लेकिन ये पुस्तकें किसने और क्यों लिखी हैं? व्यवस्थित ढंग से कार्य-संपादन सुनिश्चित करने के लिए। लेकिन जब इससे कार्य-संपादन में ही बाधा उत्पन्न हो रही हो? तो उस पुस्तक को फाड़ दो और दूसरी पुस्तक तैयार करो या पुस्तक की आवश्यकता ही मत रखो।

यह एक अतिवादी दृष्टिकोण है। लेकिन परिवर्तनकारी क्यों? क्योंकि इसमें परंपरागत चिंतन-प्रक्रिया को छोड़ने की बात की जा रही है। लेकिन जब तक इसे हम अतिवादी दृष्टिकोण के रूप में देखते रहेंगे तब तक अपने स्थान से आगे नहीं बढ़ सकते।

सेमको (Semco) ब्राजील की एक मल्टीबिलियन डॉलर कंपनी है, जिसका संचालन रिकार्डो सेमलर (Ricardo Semmler) कर रहे हैं। वस्तुत: रिकार्डो सेमलर को यह कंपनी अपने पिता से विरासत में मिली थी। उनका दृष्टिकोण और कार्य करने का तरीका अलग था। सारे नियमों-प्रक्रियाओं-औपचारिकताओं को भुलाकर उन्होंने अपने सभी प्रबंध कर्मचारियों को अपना-अपना वेतन स्वयं निश्चित करने की छूट दे दी थी और कारखाने के कर्मचारियों को उन मामलों पर स्वयं निर्णय लेने की छूट दी गई थी, जिन पर

पहले स्वयं बॉस ही निर्णय लिया करते थे। इस प्रकार उन्होंने औपचारिकता एक तरह से खत्म ही कर दी थी—कम-से-कम बैठकें, कम-से-कम पत्र अथवा मेमो और कम-से-कम संस्तुतियाँ। जी हाँ, सेमलर की कंपनी न तो समाजवादी व्यवस्था पर चल रही है और न ही पूँजीवादी व्यवस्था पर; बल्कि एक तीसरी व्यवस्था पर चल रही है जो अपेक्षाकृत अधिक मानवीय, अधिक विश्वसनीय, अधिक उत्पादक और अधिक सफल है। परिणाम सबके सामने है। सेमको लैटिन अमेरिका की सबसे अग्रणी कंपनियों में से एक है, जिसे ब्राज़ील में सबसे अच्छी कंपनी माना जाता है। इसमें काम करने के इच्छुक हजारों लोगों के आवेदन आते ही रहते हैं। जी हाँ, यह पार्श्व-चिंतन का ही परिणाम है।

इस संदर्भ में मैं स्वयं से संबंधित एक घटना का उल्लेख करता हूँ। भारतीय पर्यटन विकास निगम मूल रूप से एक होटल कंपनी के रूप में ही रहा था, जिसमें एक ट्रेवल एजेंसी, एक रचनात्मक शाखा तथा ड्यूटी-फ्री दुकानें चलाने के लिए एक शॉपिंग शाखा थी। विनिवेश प्रक्रिया की तीव्रता को देखते हुए निगम होटलों के बचे रहने की उम्मीद कम ही लग रही थी; यही सोचकर मैंने राजस्व के नए स्रोत तैयार करने के लिए एक व्यवसाय विकास शाखा शुरू कर दी। इस शाखा ने व्यवसाय के नए अवसरों की तलाश पहले ही आरंभ कर दी थी और निगम के विभिन्न विभागों ने दामोदर घाटी परियोजना, अस्पताल का निर्माण करने और परामर्श (Consultancy) सेवाएँ उपलब्ध कराने जैसे अलग कार्यों-परियोजनाओं की निविदाओं में हिस्सा लेना शुरू कर दिया था। ड्यूटी-फ्री दुकानों पर अशोक ब्रांड चॉकलेट के उत्पादन के आरंभ से हमारे इस प्रयास को और भी बल मिला। वस्तुतः इस प्रकार के चॉकलेट बनाने और उन्हें खुदरा घरेलू बाजारों में पहुँचाने का विचार हम पहले ही कर रहे थे। निगम इससे पहले अपनी औपचारिक सीमाओं से बाहर निकलकर इस तरह की बातें सोचने की हिम्मत कभी नहीं कर सका था। इसलिए राजस्व के ढेर सारे स्रोत अनुपयुक्त और अज्ञात पड़े रह गए थे, कम-से-कम मेरा अपना निष्कर्ष तो यही कह रहा था। होटलों

की बिक्री के कारण, जिनमें से 18 होटल तो मेरे ही कार्यकाल में बिके थे, बड़ी संख्या में इंजीनियर खाली हो गए थे। निगम का टर्नओवर पहले से ही कम था; ऐसे में इंजीनियरों को खाली बैठाकर रखना उसके लिए संभव नहीं रह गया था। स्वयं एक इंजीनियर होने के नाते मैं उन इंजीनियरों के महत्त्व और उपयोगिता को समझता था; इसलिए मैंने सार्वजनिक क्षेत्र, विशेषकर राज्य सरकारों के साथ इंजीनियरिंग कार्यों की संविदाएँ लेनी शुरू कर दीं। इस प्रकार, निगम के पूर्व इंजीनियरिंग विभाग के स्थान पर एक नया विभाग 'राज्य परियोजना विभाग' बना, जिसका स्वतंत्र प्रभार एक उपाध्यक्ष के पास रखा जाना था। यह स्वतंत्र प्रभार निगम के एक कुशल और प्रतिभाशाली अधिकारी नीरज बचकेटी (Niraj Bachketi) को सौंपा गया, जो भारतीय प्रौद्योगिकी संस्थान के एक स्नातक हैं। इस विभाग ने सबसे पहले नवगठित झारखंड राज्य पर अपना ध्यान केंद्रित किया। झारखंड उन दिनों अपने राज्य उच्च न्यायालय का कोपभाजन बना हुआ था। इस प्रकार मुख्यमंत्री से मिलने के लिए किया गया मेरा राँची दौरा महत्त्वपूर्ण था, क्योंकि मैं राज्य सरकार के विभिन्न प्रस्तावों का अध्ययन कर चुका था और जिन स्थानों के विकास पर चर्चा चल रही थी, उनका दौरा भी मैं कर चुका था। तत्कालीन मुख्यमंत्री से मैंने वादा किया कि ठेका दिए जाने के एक वर्ष के भीतर सातों परियोजनाएँ पूरी कर ली जाएँगी और इससे राँची शहर का स्वरूप ही बदल जाएगा। निर्माण उद्योग में 35 करोड़ रुपए का यह ठेका निगम को काफी लाभ दिलानेवाला था। स्थानीय मीडिया ने मेरे दौरे को अपने कलेवर में शामिल किया। मीडिया की रिपोर्टों में निगम को विकास की ओर तेजी से बढ़ते दिखाया गया। मैं अकेले निर्माण उद्योग से ही, और वह भी दो-तीन वर्षों में ही, 5 हजार करोड़ रुपए के टर्नओवर पर पहुँचना चाहता था। इससे निगम को सभी राज्यों की राजधानियों में अपने कार्यालय खोलने में सक्षम बनाया जा सकता था। झारखंड राज्य के साथ करार अंतिम चरण में पहुँच चुका था, लेकिन उसके बाद चूँकि मुझे निगम छोड़ना पड़ गया, इसलिए मैं जो चाहता था, वह नहीं देख सका। मैं भारतीय पर्यटन विकास निगम की व्यावसायिक

गतिविधियों को देश के कोने-कोने तक फैलाना चाहता था।

अपने पार्श्व-चिंतन के एक हिस्से के रूप में मैं 'पर्यटन शिक्षा' को भी गंभीरता से लेता हूँ। मैं कुतुब इंस्टीट्यूशनल एरिया में स्थित निगम के मानव संसाधन विकास केंद्र को पर्यटन शिक्षा उपलब्ध करानेवाले एक स्वतंत्र विश्वविद्यालय के रूप में विकसित करना चाहता था। इस दिशा में पहले कदम के रूप में केंद्र ने पर्यटन में संयुक्त स्नातक पाठ्यक्रम शुरू करने के लिए देश की एक शैक्षिक संस्था से संबंध स्थापित कर लिया। पर्यटन के क्षेत्र में यह एक महत्त्वपूर्ण उपलब्धि थी। दुर्भाग्य से, मानव संसाधन विकास केंद्र को एक स्वतंत्र विश्वविद्यालय के रूप में विकसित करने का मेरा सपना साकार नहीं हो सका, क्योंकि उससे पहले ही मुझे दृश्य से अचानक बाहर हो जाना पड़ा। निगम द्वारा उदीयमान एयर होस्टेसों को प्रशिक्षण देने के लिए एयर होस्टेस अकादमी से हाथ मिलाना भी भारतीय पर्यटन विकास निगम के लिए मील का पत्थर सिद्ध हुआ। यह उद्यम भी काफी सफल रहा। इस प्रकार देश में पर्यटन शिक्षा के क्षेत्र में निगम को अपनी एक उज्ज्वल छवि बनाने में काफी मदद मिली।

निगम के सभी होटलों के नवीकरण की प्रक्रिया पूरी करने के बाद जब मैं राज्य पर्यटन विकास निगम की अध्यक्षता कर रहा था तो मैं निर्माण गतिविधियों से संबंधित एक महत्त्वपूर्ण और प्रभावी योजना बना रहा था, जिसके माध्यम से निगम का राजस्व बढ़ाने के साथ-साथ हमारे पास उपलब्ध इंजीनियरों को भी लाभदायक कार्य में लगाया जा सकता था।

□

18

इंपॉसिबल (IMPOSSIBLE–असंभव) यानी आई-एम पॉसिबल (I-M POSSIBLE)

नेपोलियन के शब्दकोश में 'असंभव' शब्द नहीं था और हममें से अधिकतर लोगों के शब्दकोश में 'संभव' शब्द नहीं होता। यह अंतर क्यों? क्या कारण है कि कुछ चुनिंदा लोगों के लिए सभी कार्य संभव होते हैं, जबकि शेष अन्य के लिए सारे कार्य और सारी चीजें पहुँच से बाहर होते हैं? किसी कार्य को करने का निश्चय करने और कोशिश करने में दो अलग प्रकार की सोच काम करती हैं। निश्चय करना स्वतंत्रता अथवा स्वामित्ववादी सोच को प्रदर्शित करता है, जबकि कोशिश करना दासतावादी सोच को। काम को करनेवाले की सोच सकारात्मक होगी, लेकिन कोशिश करनेवाले की सोच सकारात्मक और नकारात्मक का मिश्रण ही हो सकती है। किसी कार्य को पूर्ण करने का निश्चय करते समय व्यक्ति की मनोवृत्ति आशावादी तथा कोशिश करते समय कुछ निराशावादी होती है।

हमारे आस-पास के परिवेश, परिवार, मित्र, सहकर्मी आदि का हमारी सोच और चिंतन-प्रक्रिया पर गहरा प्रभाव पड़ता है। असंभव और संभव के बीच का अंतर भी हमारी सोच और चिंतन-प्रक्रिया तथा आत्मविश्वास के स्तर पर आधारित होता है। यदि हम हर स्थिति-परिस्थिति में अपना सकारात्मक दृष्टिकोण बनाए रखें और कार्य-संपादन के अपने आत्मविश्वास

के स्तर को लगातार ऊँचा उठाते रहें तो धीरे-धीरे हम इतने सक्षम हो सकते हैं कि 'असंभव' शब्द को अपने मन के शब्दकोश से बाहर निकाल सकें। आज जो असंभव दिखाई दे रहा है, वह कल संभव रूप में हमारे सामने होगा। कल तक जो कुछ असंभव दिखाई देता रहा था, वह आज संभव रूप में हमारे सामने है। हवाई जहाज का ही उदाहरण लें। अब से सौ वर्ष पहले कौन सोच सकता था कि जो दूरियाँ महीनों में तय की जा रही हैं, वे एक दिन कुछ दिनों में तय की जाने लगेंगी ? उस समय हवाई जहाज असंभव था और आज वही प्रत्यक्ष रूप में हमारे सामने है। इसी तरह कंप्यूटर और कई अन्य वस्तुओं का उदाहरण भी है। हम किसी कार्य को असंभव इसीलिए मान लेते हैं कि वह हमारे चिंतन-क्षेत्र से बाहर होता है। एक बात आपने जरूर देखी होगी कि जब आपका कोई साथी, सहकर्मी आदि किसी काम को असंभव बताता है तो पूरी दृढ़ता से कहता है कि अमुक काम असंभव है, और जब किसी काम को संभव बताना होता है तो वही व्यक्ति बड़ी अनिश्चितता के साथ कहता है कि अमुक काम संभव है या हो सकता है। यह सब हमारे समाज और सामाजिक परिवेश में व्याप्त नकारात्मक सोच के कारण ही है।

वर्ष 1996 में जब मैंने फेयरी क्वीन (लोकोमोटिव इंजन) को संग्रहालय से निकालकर वाणिज्यिक प्रयोग में लाने का निर्णय लिया तो उस समय कई लोगों ने, विशेषकर रेल मंत्रालय ने, इसे असंभव बताया। कुछ अन्य लोगों ने तो इसे बेहूदा निर्णय करार दिया। इतना ही नहीं, कुछ लोगों ने यहाँ तक कहना शुरू कर दिया कि संग्रहालय का निदेशक शायद पागल हो गया है। सचमुच, यह कार्य सभी को, मुझे छोड़कर, जिसे लोगों ने दिवास्वप्न-द्रष्टा का नाम दे दिया था—असंभव लग रहा था। जब तक कोई सपने नहीं देखता, कल्पना की दुनिया में उड़ान नहीं भरता तब तक वह कोई बड़ा कार्य कर ही नहीं सकता। परंतु सपनों को प्राय: असंभव ही माना जाता है। इस संदर्भ में मैं भारतीय पर्यटन विकास निगम का अपना एक अनुभव बताना चाहता हूँ।

जब मैंने निगम में सेवा शुरू की, उस समय वह अस्त-व्यस्त अवस्था में था और कर्मचारियों का मनोबल गिरा हुआ था। निगम में नई जान डालने

के लिए सबसे पहले कर्मचारियों में जान डालना जरूरी था। ऐसा करने का मुझे एक ही रास्ता दिखाई पड़ा—निगम को लेकर अपने सपनों और निश्चयों को मीडिया के माध्यम से सार्वजनिक करना। इस प्रकार मीडिया ने निगम से संबंधित मेरी योजनाओं और सपनों को सार्वजनिक करने में महत्त्वपूर्ण भूमिका निभाई। सबकुछ ठीक चलने लगा था, लेकिन इसी बीच 'पंजाब केसरी' समाचार-पत्र ने एक नई कहानी प्रकाशित कर दी, जिसमें दिन में सपने देखने के लिए मेरी आलोचना की गई थी। मैंने 'पंजाब केसरी' के संबंधित संवाददाता को तुरंत मिलने के लिए बुलाया और उसे अपनी स्थिति स्पष्ट करते हुए बताया कि सफलता प्राप्त करने के लिए सपने देखना जरूरी है। मेरे इस स्पष्टीकरण को सही अर्थों में लिया गया। खैर, अब अपने मूल विषय यानी फेयरी क्वीन पर आते हैं। फेयरी क्वीन एक ऐसा लोकोमोटिव इंजन था, जिसे सन् 1907 के बाद से एक बार भी इस्तेमाल में नहीं लिया गया था और अब उसे एक नियमित रेलगाड़ी में जोड़ा जाना था, जबकि अब तक उसका कोई परीक्षण भी नहीं किया गया था। इतना ही नहीं, दो दिन और एक रात्रि का जो पैकेज मैंने तैयार किया था, उसे भी अति महत्त्वाकांक्षा से प्रभावित माना जा रहा था। इस प्रकार, इस पूरी योजना को असंभव माना जा रहा था। अंतत: योजना सफल रही और गाड़ी भी दौड़ी, जो रेलवे की एक विश्वस्तरीय सफलता की कहानी बन गई। सचमुच, असंभव को संभव में बदल दिया गया था।

उस समय भी कुछ इसी तरह की स्थिति का सामना करना पड़ा था, जब मैंने होटल अशोक को पुनरुज्जीवित करने का निर्णय लिया था। पर्यटन विशेषज्ञों ने पहले ही कह दिया था कि होटल अशोक को सरकार स्वयं पुनरुज्जीवित नहीं कर सकती। सरकार के भीतर और बाहर सभी लोगों का यह मानना था कि सरकार इस होटल को लाभदायक वाणिज्यिक उद्यम के रूप में चला सकती है। कई दिनों तक मुझे 'असंभव' शब्द से जूझना पड़ा, लेकिन मैंने उसे आत्मविश्वास पर हावी नहीं होने दिया। अपने कुछ महत्त्वपूर्ण अधिकारियों के सहयोग से मैंने एक लिखित दस्तावेज—ऑपरेशन टर्नएराउंड—

तैयार किया और उसे पूरी दृढ़ता से लागू कर दिया। निगम के सभी अधिकारियों को आदेश दे दिया गया कि वे अपने काम से मतलब रखें और दूसरों के बारे में टिप्पणी तभी करें, जब वे स्वयं अपने कार्यक्षेत्र में कम-से-कम राष्ट्रीय स्तर की उपलब्धि हासिल कर चुके हों। इससे दूसरों पर बेवजह टिप्पणी करनेवाले अधिकारियों का मुँह बंद हो गया था। अप्रैल 2002 में निगम का अध्यक्ष और प्रबंध निदेशक होने के नाते पर्यटन मंत्रालय ने मुझसे होटल अशोक के पुनरुद्धार संबंधी मेरी रणनीति का स्पष्टीकरण माँगा। उसे तत्कालीन पर्यटन मंत्री जगमोहन के साथ-साथ पर्यटन मंत्रालय के कई अन्य पदाधिकारियों ने भी देखा। उसमें मैंने होटल अशोक को 9 करोड़ रुपए के घाटे की स्थिति से निकालकर 3 करोड़ रुपए के लाभ की स्थिति में पहुँचाने की जोरदार रणनीति का खाका प्रस्तुत किया था। यह आँकड़ा वर्ष 2001-02 तथा 2002-03 का था। ये दोनों ही वर्ष 9 सितंबर की अमेरिकी घटना के कारण प्रभावित रहे थे। मुझे अपनी रणनीति और कार्य-कुशलता पर इतना भरोसा था कि मैंने यहाँ तक कह दिया था कि यदि 31 मार्च, 2003 तक मैं अपना वादा पूरा नहीं कर सका तो मैं त्यागपत्र दे दूँगा। अंततः मैंने जैसा वादा किया था, सबकुछ वैसा ही हुआ; जबकि वित्तीय वर्ष पूर्ण होने के लगभग चार माह पूर्व ही मुझे पदच्युत कर दिया गया था। इस प्रकार एक असंभव-से दिखाई देनेवाले कार्य को मैंने अपनी कार्यक्षमता, ईमानदारी और आत्मविश्वास के बल पर संभव करके दिखा दिया था।

निगम के अधिकारियों और कर्मचारियों की हर कोई निंदा करता है। वे भ्रष्ट ही बने रहेंगे और काम से जी चुराते रहेंगे। उन्हें कोई भी नहीं सुधार सकता, क्योंकि वे सुधरना ही नहीं चाहते। कर्मचारियों के बारे में इस प्रकार की धारणा को देखते हुए मेरे सामने केवल दो ही विकल्प थे—जो हो रहा है, होने दिया जाए या स्टाफ को पूरी तरह से बदल दिया जाए। मैंने दूसरे विकल्प को लेकर चलने का निश्चय किया, क्योंकि मैं एक बार फिर असंभव को संभव में बदलना चाहता था। मेरा हमेशा यही मानना रहा है कि किसी व्यक्ति का कार्य-व्यवहार किसी बीमारी का लक्षण मात्र होता है, जो

कहीं भी मौजूद हो सकती है। अधिकांश मामलों में यह बीमारी कार्यालय के कार्य-परिवेश में व्याप्त होती है, जहाँ भ्रष्टाचार और कामचोरी को बढ़ावा मिलता है तथा ईमानदारी एवं कार्य-संपादन को पीछे कर दिया जाता है। अत: दोष व्यक्ति का नहीं बल्कि उसके कार्य-परिवेश का होता है। खैर, मेरा प्रयास रंग लाया और धीरे-धीरे परिवेश बदलने लगा, साथ ही कर्मचारी भी बदलने लगे। सचमुच, अधिकारियों और कर्मचारियों में समान रूप से अपने संगठन के प्रति गर्व की भावना पैदा होने लगी थी। निगम को आगे बढ़ाने के लिए वे एकजुट हो गए। इस प्रकार एक बार फिर असंभव को संभव बना दिया गया।

□

19

कोई अफसोस नहीं

इस पुस्तक के माध्यम से मैंने अपने आधिकारिक जीवन के अनुभवों का उल्लेख करने का प्रयास किया है। ये अनुभव मेरी अलग-अलग तैनातियों से जुड़े हैं। मैं बड़ा खुशनसीब रहा हूँ कि मुझे रेलवे से लेकर केंद्र सरकार के मंत्रालय, राज्य सरकार और सार्वजनिक क्षेत्र के उपक्रम तक कई अलग-अलग विभागों/संगठनों में कार्य करने का अवसर और अनुभव प्राप्त हुआ। इस बात से इनकार नहीं किया जा सकता कि सरकारी क्षेत्र में हममें से अधिकांश लोग इस तरह के या इससे भी ज्यादा व्यापक अनुभवों से गुजरे होंगे। जिन स्थितियों-परिस्थितियों का विवरण इस पुस्तक में दिया गया है, वे देश भर के सरकारी क्षेत्र में काम करनेवाले किसी भी व्यक्ति के संदर्भ में समान हो सकती हैं। यह पुस्तक किसी प्रकार का खेद प्रकट करने के लिए नहीं है। यह पुस्तक वस्तुतः कार्यक्षेत्र में उत्कृष्टता प्राप्त करने और देश को आगे ले जाने की एक दमित इच्छा की परिणति है। भारत एक राज्य-नियंत्रित अर्थव्यवस्था है, अतः यहाँ सिविल सेवकों की दमित इच्छा की अभिव्यक्ति अत्यंत आवश्यक है। अतः इस पुस्तक के माध्यम से सिविल-सेवकों की उन दमित भावनाओं को स्पर्श करने का प्रयास किया गया है, जिन्हें उभारने से देश को एक बड़ी शक्ति प्राप्त हो सकती है।

यह पुस्तक किसी प्रकार की कुंठा या निराशा की परिणति भी नहीं है। एक संतुष्ट आधिकारिक जीवन व्यतीत करने के बाद अब मैं अच्छी तरह से

समझ गया हूँ कि सरकारी विभाग/संगठन में कार्य करने से व्यक्ति को कार्य-अभ्यास करने के लिए एक विस्तृत और व्यापक कैनवास मिलता है। यही कैनवास समाज के आम लोगों के जीवन को स्पर्श कर सकता है। दुःख की बात यह है कि जो नौकरशाही व्यवस्था हमें विरासत में मिली है और जिसका आज भी हम पोषण कर रहे हैं, वह एक अतिजटिल व्यवस्था है, जिसमें छोटे-से-छोटा कार्य भी जटिल बन जाता है और अंततः हमारा प्रयास शून्य पर ही अटककर रह जाता है। अतः यह पुस्तक उन सभी लोगों को एक संदेश देने के लिए है, जो किसी-न-किसी रूप में इस दोषपूर्ण और जटिल व्यवस्था के चलते परेशान हैं।

पुस्तक को पढ़ते समय कई पाठकों को शायद ऐसा भी लगे कि यह उनकी अपनी ही कहानी है। वस्तुतः बात ऐसी ही है। हम अधिकतर सिविल सेवकों को इस प्रकार की समस्या का सामना करना पड़ता है। अंतर होता है तो बस यही कि परिस्थितियाँ अलग-अलग हो सकती हैं; सवाल अलग-अलग हो सकते हैं और अतीत के अनुभवों से मिली सीख अलग-अलग हो सकती है। सचमुच, देश की सरकारी व्यवस्था में सुधार अत्यंत आवश्यक हो गया है।